U0038119

世界第一的聊天術

岡本純子 著
王蘊潔 譯

世界最高の
雑談力

前言

無論在工作上還是私生活中，溝通力決定了人生

為什麼學校的老師和家長會教小孩子加法和減法，卻從來不教「說話術」？我們從小到大，雖然會學「閱讀」和「書寫」，卻沒有機會學習如何「說話」和如何「傾聽」。

這就是日本人悲劇的根源。

「美國企業的人資認為，**說話能力**是求職的大學畢業生必須具備的首要技能。」

除此以外，還有「傾聽能力」、「書寫能力」和「簡報能力」，**在必須具備的技能前五名中，溝通交流能力佔了四項。**

日本的調查也出現了相同的結果，**無論在工作和私生活中，溝通交流能力決定了人生，溝通力就等於「生存力」**，這種說法絲毫不誇張。

在國外，溝通交流被視為一門科學進行深入研究，學校和公司都會傳授有理論基礎的溝通交流技巧，但是，日本人幾乎很少有機會系統化地學習溝通交流相關的知識。

結果就導致了有大約六成的日本人認為自己「不擅長溝通交流」。

「在別人面前說話會緊張。」

「我討厭和陌生人說話。」

「我的人際關係很差。」

很多人都為此煩惱，也因此失去了自信。

我希望能夠更進一步介紹「說話術的必勝技巧」！

我曾經當過記者，擔任過公關顧問，**是全日本唯一指導訓練了無數公司老闆和高階主管的「說話教練」**，至今為止，**我指導訓練了超過一千名高階經理人**。

我將在指導過程中累積的見解，和「溝通交流科學」的先進國家美國和英國學到的說話術的秘訣、方程式總結歸納後，在二〇二〇年十一月出版了**《最高說話術》**。這本書因為通俗易懂和內容扎實獲得好評，感謝讀者的支持，成為一本銷量達到**十五萬冊的暢銷書**。

「真的大有幫助！」

「我在書上貼了很多標籤！」

「淺顯易懂，內容很扎實！」

「我隨時都帶在身上，在簡報和客戶談生意之前，會一次又一次翻閱。」

書出版上市之後，收到了很多讀者令人欣喜的回饋，我由衷感謝各位的支持！

讀者都認為那不是一本光說理論、紙上談兵的書，而是**「可以馬上輕鬆實踐，有助改變自己的說話術和人生」**。

我在上一本書中貪心地寫了許許多多從聊天到說明、說服、自我表達、簡報等溝通交流必須的技巧，但**其實還有很多很多想要和讀者分享的知識和經驗！**

因此，我決定更加深入具體地介紹「說話術的必勝技巧」，先推出這本「聊天能力．談話能力」篇。

靠最高「溝通聖經」、「萬人迷指南」改變人生！

在本書中，除了將介紹**成為「聊天、談話高手」的具體方法**，更特別希望和各位讀者分享，**如何建立成為溝通交流「軀幹」的強大心理素質和自信**。

我個性害羞，向來很害怕和陌生人說話，但在美國學習「心理素質養成術」之後，現在無論面對任何人，隨時都可以落落大方地和別人交談。

即使是和別人說話會感到不安、很沒有自信的人，也一定能夠鼓起勇氣。同時，我還將在本書中詳細解說**如何磨練「溝通交流意願」**，讓人際關係和人生更加輕鬆。

和上一本書一樣，這本書中也有滿滿的心理學、腦科學、人類學等**全世界最先進的學術研究**，以及我在美國和英國就讀無數溝通交流學校，**親身體驗、學習到的知識，還有將世界各地頂尖菁英、溝通交流名賢的「說話術」技巧進行系統化整理的「完全世界級」知識和經驗**。

除了聊天技巧以外，更有大量有助於提升交談能力和好感度、拓展人脈的方法等可以在**日常生活中的各種場面發揮作用的「溝通交流基本和速效技巧」**。

在寫本書過程中，我特別致力於結合了好記、容易實踐的「方程式」、「法則」、「圖表」和「重點」，**徹底追求簡單易行，迅速提升溝通力的技巧**。

建立自信、有異性緣、被愛、被人喜歡、受到信賴、交到更多朋友、聊天更愉快、業績提升、建立良好的關係、日常生活更愉快、更輕鬆……

在消除夫妻之間、職場的人際關係、育兒、工作、業務工作、聯誼等日常生活中各種煩惱後，人際關係將發生戲劇化的改善。

這本聊天・談話大全的決定版，獻給所有為人生感到煩惱的人。

本書是史上最強的「溝通交流聖經」、「萬人迷指南」，一定可以改善你的人生，成為你進步的動力。我對此深信不疑。

Contents

第二章
有助於聊天、交談順暢的「無敵傾聽方法」的六大技巧
讓人覺得「和他聊天很開心！」的方法

第三章

聊自己的事有技巧，讓人想要「繼續聽他說！」的八大直球技巧

磨練打動人心的「超級說話能力」

第四章
讓聊天能力更上一層樓的話術
交談更熱烈！精選七大必殺技巧

第五章 運用九大技巧，即使不擅長聊天、交談的人，也可以自信百倍

打造「宇宙無敵強的心理素質」

第七章 迅速拓展人脈，人生更開闊！人見人愛的五大精選技巧

序章

聊天能力、談話能力是「人生最強大武器」的理由

日本人的「說話能力」急速衰退

「最近舌頭越來越不輪轉了。」

「而且腦霧越來越嚴重，反應越來越遲鈍……」

不知道你是否曾經有過這種感覺。

因為新冠肺炎疫情的關係，大部分人和別人說話的機會大為減少。

「開口說話」的次數減少，也不允許大聲說話，我認為由於這種狀況持續，日本人的「說話能力」會變得越來越差。

政府最近針對孤獨的問題進行了調查，調查結果顯示，有百分之六十七點七的人回答，「直接見面聊天的次數減少」。

因為這個原因，有很多人都覺得，和別人打交道、和他人談話的能力不如以前，內心感到孤獨。

強化聊天能力，就是打破這種「溝通交流能力危機」的關鍵。

全世界最不擅長聊天的就是日本人

無論閒聊或是交談，**說話能夠促進腦內荷爾蒙分泌，有助於活化大腦和身體**。

愉快的談話可以讓大腦分泌「多巴胺」、「催產素」和「腦內啡」等刺激和快樂的荷爾蒙，有助於促進健康，讓人產生幸福感。

聊天的好處，並非只限於促進個人健康和提升幸福感而已。

新冠肺炎疫情期間，無論企業或是個人都發現，**「聊天」是職場的潤滑劑，更是創新的源泉**。

因為疫情關係，見面也變成一件困難的事。在這種狀況下，該如何凝聚員工之間的向心力？企業為這個問題苦惱不已，但其實**縱觀全世界，日本人原本就是很不擅長說話，或是和陌生人聊天的民族**。

根據大型旅遊網站 Expedia 的調查，**搭飛機時，日本人主動和陌生人攀談的比例只有百分之十五，成為當之無愧的倒數第一名**。

前五名的國家分別是印度（百分之六十），墨西哥（百分之五十九）、巴西（百分之五十一）、泰國（百分之四十七）和西班牙（百分之四十六），把日本狠狠甩到敬陪末座。

除了日本以外的最後四名分別是韓國（百分之二十八）、澳洲（百分之二十七）、德國（百分之二十六）、香港（百分之二十四），和日本有將近十個百分點的差距。

針對「在飛機上，會協助其他乘客把行李放在座位上方的行李架上？」這個問題，澳洲、德國、瑞士、奧地利和美國幾乎有半數的人都回答「會」，但日本人只有百分之二十四會提供協助，也是世界最後一名。

每次在國外餐廳或職場看到人們輕鬆交談的身影，就覺得**「日本人是全世界最不擅長聊天的國民」**這種說法並非空穴來風。

為什麼聊天這麼難？

對日本人來說，聊天是一件難事，但其實外國也有不少人「討厭」聊天。為什麼聊天這麼難？尤其是和不熟悉的人聊天更是難上加難？

因為我們**極度恐懼遭到他人拒絕**。

被人拒絕代表「自己被群體排斥的風險」，所以每個人都極度害怕被拒絕，面對這種拒絕，會感到如同身體受到傷害般的痛苦。

人類因為保護自身遠離威脅，才能夠生存至今。

「躲避敵人」比「結交朋友和夥伴」對生存有更重要的影響，因此人類無法輕易和他人建立關係。

正因為這個原因，**我們會過度放大和陌生人聊天、談話的風險和不自在，過度忽略聊天的快樂和充實感**。

曾經有一項實驗，要求被實驗者在芝加哥的通勤電車上，主動和陌生人交談，結果顯示「很多人起初感到猶豫或是不願意，但在實際和陌生人交談後，大部分人都認為比想像中更愉快」。

同樣地，我在溝通交流的工作坊，向學員傳授訣竅後，請他們和陌生人聊天，所有人都回答**「原來聊天這麼開心，而且可以這麼輕鬆完成」**。

事實上，大部分人都**「很想開心聊天」**，但是**「不知道開心聊天的方法」**，**或是擔心「是不是會造成對方的困擾」**。

聊天是身心的萬靈丹。這種萬靈丹的驚人效果是什麼？

聊天有兩大障礙。

第一大障礙，就是**認定「別人一定不想和我聊天」**，第二大障礙，就是**誤以為「聊天很不自在，而且也沒效果」**。

但是，其實很多人都想和你聊天，**而且聊天簡直就像萬靈丹，具有緩和痛苦和煩惱的效果**。

比方說，目前已經發現，聊天具有以下的功效。

・和陌生人輕鬆聊天可以讓心情變好。
・會覺得自己和別人有交集，緩和孤獨的感覺。
・增加幸福感。
・和他人相處時，可以更有同理心。

「聊天和談話是學習人際關係基礎的重要訓練，同時，也是『**把人和人連在一起的磁鐵**』。」

曾經進行一系列研究的心理學家、芝加哥大學布斯商學院的尼古拉斯・艾普利教授如此形容。

前面也曾經稍微提到，**聊天在職場也能夠發揮無限巨大的力量**。

偶然遇到時的聊天，可以提升員工之間的合作、創造性和創新能力，人和人之間的交流所產生的動能，將成為點燃組織的火種，活化組織。

雖然在日本的職場，「聊天是浪費時間」的想法根深柢固，但根據美國紐澤西州立羅格斯大學的調查發現，**「辦公室聊天的益處遠遠超過害處」**。**聊天「有助於提升員工的士氣，有助於提升相互合作的意願」**。

尤其目前隨著遠距工作的普及，員工之間的關係更加疏遠，**大家重新正視了聊天是「人與人之間的強力膠」**的這項功能。

不需要好朋友，也不需要家人？「蜘蛛網」關係更勝於「卵膜包裹的鮭魚子」

決定一個人的幸福感和健康的最大要因並非金錢和工作，而是「和他人之間的良好人際關係」。

是否有良好的人際關係，會對心臟病、癌症的預後、血糖值、肥胖度，甚至是壽命產生影響。

這是根據無數項科學研究的結論總結出來的真理，但日本人經常把「人際關係」視為社區、家人、公司之間的「羈絆」，覺得是一件麻煩事。

讓這種「令人頭痛的束縛」進化為「舒服的關係」，將成為在這個不透明和不安的時代生存的關鍵。

和「公司」、「家人」和「社區」之間的關係，**不要像卵膜包裹的鮭魚子那樣緊黏在一起，而是要像「蜘蛛網」一樣，即使彼此的關係很細很弱，**

但必須建立複數的關係網，如此一來，即使「一個人」，也能夠堅強地在社會上生存。

這就是社會學中所說的**「弱連結」**。

史丹佛大學的馬克·格蘭諾維特教授認為，「比起家人、摯友、同一個職場的同事等『強連結』，泛泛之交等『弱連結』在傳播有價值的信息時更重要」。**在工作上，往往能夠透過認識不深、交情淡如水的人建立有用的人脈關係**。

向附近店家的老主顧或是左鄰右舍打招呼或是簡單地聊幾句，或是透過興趣愛好建立的有點熟、又不會太熟的人際關係。在這種「弱連結」中，如果有人認同自己，或是願意向自己伸出援手，就可以大大提升幸福感。

由此可見，**「聊天」正是前面所提到的「蜘蛛絲」**。

只要巧妙地用這些「蜘蛛絲」佈網，人生就會更安定，也可以得到安心感。

九十個小時就可以成為「朋友」，兩百個小時就可以成為「摯友」？

隨著年齡的增長，結交朋友會越來越困難，也會覺得交朋友是一件麻煩事。

年輕時，不知不覺中就會認識很多朋友，**但很多人都在中年之後，在某個時間點突然發現，自己很久沒有交新朋友了**。

人與人之間的關係，在很大程度上受到相處時間多寡的影響。

經常接觸，好感度就會增加，印象也會更深刻，這稱為**「單純曝光效應」**，多次和特定人物見面，彼此的關係就會更加深入。

「（在工作以外，聊天、玩樂）相處的時間超過五十個小時，可以稱為『泛泛之交』，超過九十個小時就可以算『朋友』，超過兩百個小時，就是『摯友』。」

但是，現代人都很忙碌。

整天都忙於工作和家庭，**據說通常經過七年的時間，就會和超過半數的摯友關係疏遠**。

在現代社會中，不必追求地緣、血緣、公司緣等「密切」的關係，而是隨時隨地，都能夠和任何人心情愉快地交談、閒聊，建立完全適合自己的關係。

「遠親」不如「近鄰」的重要理由

最近在一本美國的心理學雜誌上，看到一篇名為**〈維他命S的恩惠〉**的文章。

S就是**「Stranger（陌生人）」**的意思。

文章中指出，在今後的時代，**即使缺乏家人等「強連結」，「弱連結」也能夠像維他命一樣，為身體補充營養**。

為什麼和泛泛之交之間的關係如此重要？

・彼此沒有依賴關係。
・沒有上下關係。
・沒有自私利己的動機。

關鍵就在於這三大理由。

泛泛之交不會像遠親或是家人那樣管東管西，也不會強迫自己做任何事。有適度距離的關係能夠維持「禮尚往來」，也會盡可能親切待人。

和泛泛之交相處時，他們比較不會在背後傳自己的八卦，對方也可能掌握自己不知道的資訊，或是具備自己缺乏的技能。

由此可見，**和他人之間沒有利害衝突的關係，對人生有很大的益處**。

小花絮

我也對這件事深有體會。

出門旅行時遇到的當地人、聚會時曾經聊天的人、朋友的朋友，這些都是認識的人，但交情並不深。

我曾經多次在偶然的機會下，和這些人隨意聊幾句，就帶來了新的工作機會，或是獲得了有用的資訊。

在未來的時代，有越來越多人「一個人過日子」，與其期待「兒女照顧自己」，或是「投靠家人和親戚」，不如尋求左鄰右舍、朋友或是熟人幫忙，或是向政府部門、醫院專家請教專業的意見更務實。

和「陌生人」打好交道的能力，才是在未來的時代堅強過日子的關鍵。

我在美國學習了「世界第一的聊天術」後，已經天下無敵！

身邊的「弱連結」，才是人生最強大的財產。

所以，我們除了存錢以外，還要努力儲存「關係」。

這是我最近的體會，但在八年前，前往美國學習溝通力之前，我很害怕和陌生人說話。

雖然在工作上，努力克服了這個弱點，但在私生活中，完全沒辦法和別人聊天。參加家長會時遇到其他家長，或是和美髮師聊天，都會讓我緊張不已。

但**去美國學習了「世界第一的聊天術」後，我覺得自己簡直天下無敵**。

無論遇到誰，無論和誰說話都不會緊張，每天都很開心。

我回日本後，開始投入「溝通教練」的工作，也全拜「聊天能力」所賜，即使不必自我推銷，工作也會自動找上門。

我希望可以趕快和各位分享其中的秘訣。

第一章

「超強提問力」是成為閒聊、談話高手的關鍵

吸引他人和吸收運氣的十個基本技巧

從本章開始，將介紹可以聊天、談話的具體而實際的戰術。

即使各位受到新冠疫情的影響，嘆息自己「談話能力生鏽了」、「舌頭都打結了」，也完全不必擔心。

現在立刻找回自己的聊天能力，從今天開始，你就是**聊天、談話的「無限列車」**！

技巧1

「讓對方開口」比「自己說不停」，聊天更順暢

聊天高手都努力讓對方「開口多說話」

我持續研究溝通交流多年，發現了一個事實。

那就是**「我喜歡你」的心情，其實是「我喜歡和你在一起的我自己」**。

和那個人在一起時，心情就會很好，那是一種特別的心情，可以激發內心的勇氣和活力。

對方帶給自己的力量，正是好感的來源。

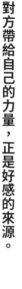

「帶給對方什麼樣的感覺」比「自己說什麼」更重要

我身為「說話教練」，指導訓練了無數企業大老闆和高階經理人，曾經有機會接觸到國內外很多CEO、政治家和高階經理人。

我發現和**世界超一流的高階經理人聊天、談話的最大特徵，就是「我喜歡和他們在一起聊天時的自己＝心情很愉快」**。

我相信有一部分原因，是因為和位高權重的人、有魅力的人在一起，的確會有一種特別的感覺，但是和他們說話時，心情會特別好。

這是因為他們**把「帶給聊天對象愉快的心情」視為最優先事項**。

在溝通交流時，「帶給對方什麼樣的感覺」比「自己說什麼」更重要。

沒有人記得你說了什麼，**但對方一輩子會記得和你聊天時的感覺**。

「那傢伙很討厭」、「那個人真是一個好人」……

相信各位也有相同的經驗。

別人不會記得你說了什麼，但會一直記得你帶給他的感覺。

美國知名作家馬雅・安傑洛的名言完全說中了重點。

一流菁英致力在對方內心留下「美好記憶」

聽眾的記憶會影響對說話者的評價，一流菁英都會不遺餘力地讓對方留下「美好記憶」。

因此，**世界各地的菁英在聊天、談話時，都盡可能「只聽不說」**。

A：滔滔不絕地聊自己想聊的話題和自吹自擂。

B：努力傾聽你說話。

哪一種人更吸引你？

不用說，當然是B。

聊天和談話高手**努力的重點不是「自己開口說」，而是巧妙地引導對方開口，也就是讓對方成為聊天的主角，讓對方說話。**

技巧2

用「五分鐘技巧」就可以判斷是否一流領導者

關鍵在於「是否能夠在五分鐘內，讓對方提出問題」

聊天、談話高手用了哪些絕招，讓對方成為聊天的主角，開口說話呢？

一流的領導者不會「說說我自己的事」，而是謙虛地「聽對方說話」，而且會貫徹這種態度。同時藉由強大的「提問能力」，讓對方能夠心情愉快地聊天，自己在傾聽的過程中學習。

「在聊天和談話時，是不是能夠讓對方在五分鐘內提出問題？」

這是我**判斷一個人是不是一流經營者的標準之一**。

持續巧妙發問，讓對方滔滔不絕

一位旗下有一萬名員工的美國顧問公司總裁令我敬仰不已，他留著一頭偏長的銀髮，是一位笑容很迷人的紳士。

每次和他見面，我都會驚訝地發現，他自始至終貫徹「傾聽」的態度。

「最近有沒有什麼新鮮事？」
「日本的情況怎麼樣？」

他總是巧妙發問，引導我開口說話。

日本有很多位高權重的人，誤以為領導力就是自己指導他人，於是一開口就談論自己的豐功偉績，或對人說教。

但是，比起**「說給別人聽」**，**「讓對方說，自己傾聽」**才是領導力的王道。

專欄

孫正義社長也是「提問和傾聽高手」

軟銀集團的總裁兼社長孫正義是公認的「提問和傾聽高手」。

我和孫正義社長見面時，他也完全不擺架子，說話很親切，令我印象深刻。

東京都現任副知事宮坂學先生曾經擔任雅虎社長，在孫正義社長手下工作，他曾經提到，孫正義社長在開會時「總是睜大眼睛，一直用平板電腦做紀錄」，令他印象深刻。

他還說，看到孫正義社長「比任何一名幹部更專心傾聽的態度」，他提醒自己必須以此為榜樣。

希望各位牢記一件事，**如果「說話」是銀牌，「傾聽」就是溝通交流中的「金牌」**。

技巧3
少聊「自己想聊的事」
人類都是愛說話的動物

為什麼比起「自己說話」，要優先考慮「讓對方開口說話」？

因為人類基本上都是**「希望別人聽自己說話的動物」**。

「無論在聊天時，或是在社群媒體上聊自己的事，都會讓人產生強烈的快感。」

哈佛大學的神經學家在二〇一二年，發表了一項驚人的研究。

每個人「說話的欲望都很強烈」

用核磁共振檢查實驗對象的腦部後發現，當人在聊自己的事時，和吃飯、做愛、賺錢、吸毒時一樣，可以促進「快樂荷爾蒙」多巴胺的分泌。

甚至有實驗發現，**很多人為了「聊自己的事」，寧願放棄「賺錢」**。

「別人願意傾聽自己說話」的狀態，代表「別人認同自己」、「別人願意了解自己」。

當然沒有人會為這件事感到不高興。

一個勁地說無聊的話題只會惹人厭

「可能沒有人想和我聊天……」

「找人聊天是不是會造成別人的困擾……？」

很多日本人都有這樣的擔心，所以不敢找人聊天。

但是，別人並不是不想和你聊天，只是不想聽你聊一些無聊的事。

其實很多人都想和你聊天，不，正確地說，是希望你聽他們說話。

尤其因為新冠疫情的關係，無法自由和別人見面的狀態持續，**每個人內心「想要說話、想要別人聽我說話」的渴望，達到了前所未有的巔峰**。

聽別人說話。

←

讓對方被快樂荷爾蒙包圍，心情愉快舒暢。

←

增加別人對你的好感。

只要遵循這樣的良性循環，就完全不必擔心自己會被別人討厭。

首先要巧妙發問，讓對方開口說話，然後融入自己想說的話，是聊天的基本形式，也是理想的形式。具體方法將在後面的章節詳細解說。

聊天的鐵律，就是「盡可能少聊自己想聊的話題」

但是在實際生活中，**我見到的很多高階經理人都以為說話術取決於「自己想說什麼」，只說「自己想說的話」**。

當我們覺得「這件事很有趣」時，很容易從自己的角度發表意見，但是交換立場，站在聽眾的角度，聽到有人滔滔不絕地說自己完全沒興趣的事，無疑是莫大的痛苦。

聊天的鐵律，就是「盡可能少聊自己想聊的話題」。

技巧4 任何人都只聽得進「自己想聽的話」

聊天時，拋出「對方容易接到的球」

男人和女人，誰更愛聊天？

「會議成員的女性比例高，就會人多嘴雜浪費時間。」

一位曾經活躍於政壇的政治人物因為這句話，在社會上引起了軒然大波，

但事實真的如此嗎？

「女人一天平均說兩萬句話，男人一天說七千句話。」

加州大學的研究人員曾經提出這種說法，但最近的研究發現，「這種說

法毫無根據」。相反地，**「在男性比例高的職場，男性說話量更多」成為定論**。

有資料顯示——

「在與會成員以男性居多的會議中，每個女性成員發言的時間，只有男性成員的百分之七十五。」

「男性在和女性說話時，比和男性說話時更容易打斷對方，增加的比例高達百分之三十三。」

在國外，**男人打斷女人說話，或是用高高在上的態度和女人說話成為嚴重的問題**，所以出現了「Manterrupt（Man＋Interrupt＝打斷）」或是「Mansplain（Man＋Explain＝說明）」這種新名詞。

男人的競爭心很強，對他們而言，「說話＝展示權力」，所以無論如何都要別人聽自己說話，誇示自己的力量。

我的很多「學員」也都是企業的經營者，他們都執著於「讓對方聽自己想說的話」。

如果不是「對方想知道的事」，對方根本聽不進去

這些位高權重的人往往以為**「無論自己說什麼，對方都會聽進去，都能夠接受」，但其實是天大的誤會**。

基本上，除非是「自己有興趣的事」、「自己相信的事」，人都會充耳不聞，也就是說，人只會接受「自己想聽的資訊」。

這是心理學上稱為**「確認偏誤」**的現象，「只蒐集和自己想法一致的消息，無視其他和自己想法不同的資訊」。

在新冠疫情期間，質疑口罩和疫苗功效的人，即使拿出科學證據或是數據向他們證明，他們也都不會改變自己的想法。

即使再怎麼大肆宣傳正確的資訊或是事實，也無法輕易改變他人內心的想法。

如果**不是「對方想知道的事」，對方根本聽不進去**。

尤其最近網路上有許多淺顯易懂、超有哏的內容。

如果只是一臉無趣地說一些無聊的事，或是滔滔不絕地說自己想說的話題，沒有人願意聽你說話。

聊天時，拋出「對方容易接住的球」很重要

因此，如果希望自己成為聊天或是談話高手，就不能拋出**「自己容易丟的球、想要丟的球」，而是必須拋出「對方容易接住的球」**。

千萬不要丟出快速球，得意洋洋地自認為是「好球」，或是隨便亂丟，抱著樂觀的期待，覺得對方總會接到其中一、兩個球。

而是**要拋出對方容易接到、容易丟回來的球，也就是丟出問題，傾聽對方說的話，讓對方「心情愉快」**。

用這種方式**「持續巧妙地拋球、接球」，才是聊天的秘訣**。

專欄

選舉的必勝說話術

我是「說話教練」，在我的學員中，也不乏各位讀者熟悉的政治人物。

在此之前，許多政治人物一旦進入選舉期間，在各地進行演說時，我都像「追星」一樣追著跑，觀察他們的說話方式，漸漸了解了**「在選舉中獲勝的說話術」**。

如果有人問：「什麼是政治人物贏得選民信賴最重要的項目？」大家可能會回答「政績」、「品格」、「人品」等。

這些固然很重要，但其實**要讓選民覺得「這個政治人物能夠理解自己，願意傾聽自己的聲音，了解自己」，這種感覺才是關鍵**。

美國埃默里大學研究政治心理學的鐸劉．威斯汀教授認為，美國的選民根據以下兩點，判斷是否要投票給候選人。

①該候選人的政黨是否和我的價值觀相同？

②該候選人是否了解和關心像我這樣的人？

川普之所以能夠成為美國總統，就是貼近支持者的想法，持續告訴選民：

「我了解你們的想法。」

「只有我和你們站在一起。」

他在各種場合滔滔不絕地說出選民想要聽的話。

千萬不要說一些令人費解的話，或是高高在上地發表意見，而是和聽眾平起平坐，丟出聽眾容易接到的球。

「他很認眞傾聽我說的話，他了解我的想法。」

「這個人和我的價値觀相同。」

「他很親切。」

一旦讓人產生這種感覺，無論誰都會深受吸引。

這或許就是岸田文雄首相多次強調自己「擅長傾聽」的眞正用意。

技巧5
「Wh 疑問詞」×「5W1H」×「3問句」方程式，無限延伸提問範圍！
只要意識「一種詞」，聊天就完全不一樣！

相信各位讀者已經充分了解，聊天時，傾聽比說話更重要。為了讓對方開口說話，「先提問」是鐵律。

用英語聊天時，通常都是從「How are you？」開始，也就是**從提問開始**。

「但是，我不知道該問什麼問題……」

如果你為此煩惱，那就告訴你一個好消息。

請隨時意識到哪裡、誰、何時、什麼、為什麼這些「Wh 疑問詞」。

只要提出帶有 Wh 疑問詞的問題就好。

以「5W1H（What、Who、When、Where、Why、How）」開頭的這些問題，在翻譯成中文後，都帶有這些疑問詞。

具體的方法，推薦可以使用五十九頁圖表中六大類的問題。

在這六大類問題的基礎上，再和**「①你喜歡……嗎？」、「②你推薦……嗎？」、「③你對……有什麼想法？」**三個問句結合。

只要使用「Wh 疑問詞」×「5W1H」×「3 問句」方程式，就可以無限延伸提問範圍。

尤其**以下六個問題是「提問之王」，不，是「提問的萬能調味料」。**

①請問你喜歡什麼樣的○○○？
②請問你推薦什麼樣的○○？
③關於○○，你有什麼想法？
④你認為怎樣比較好？

⑤最近怎麼樣？
⑥請問你是哪裡人？

和不熟的人聊天時，無論任何狀況，都可以用這些問題開啟聊天話題。

這就是「問題無限延伸」方程式！

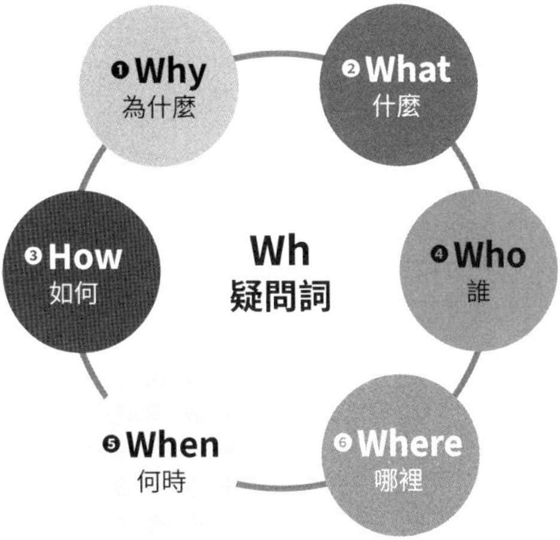

❶ Why

你為什麼喜歡○○？
你為什麼推薦○○？
你為什麼這麼認為？
你為什麼想做○○？
你為什麼會選擇這個工作？
你為什麼會來這裡？

❷ What（※ 食物、音樂、運動、書籍等）

你喜歡什麼樣的○○？
你推薦什麼樣的○○？
你對○○有什麼看法？
你從事什麼樣的工作？
你有什麼興趣、課題、目標？
你想怎麼做？

❸ How

你喜歡○○到什麼程度？
你有多推薦○○？
你認為怎麼做比較好？
你的狀況還好嗎？
該怎麼解決呢？

❹ Who（※ 名人、熟人等）

你喜歡怎樣的○○？
你推薦什麼樣的○○？
你認為他是什麼樣的人？
你想成為什麼樣的人？
你喜歡哪一類型的人？
你尊敬怎樣的人？

❺ When

你喜歡哪一個季節？
你推薦哪一個時期？
你認為哪一個時間點比較好？

❻ Where（※ 國家、地區、溫泉等）

你喜歡哪裡的○○？
你推薦哪裡的○○？
你認為哪裡的○○比較好？
你是哪裡人？
你住在哪裡？
你想去哪裡？

技巧6
運用「四大提問形式」，話題聊不完
「話說八分滿」，對方六、自己四是最佳比例

聊天時，一味說話或是一味傾聽都不行，**在開始聊天的五分鐘內，一定要用 Wh 疑問句提問，這是聊天中的鐵律技巧。**

但是，如果自己不停發問，會讓對方很有壓力。

如果不停地向對方丟出問題直球，就會變成只有對方不停地說，聊天很難持續下去。

所以，必須結合「變化球」，以良好的節奏傳球和接球。

根據哈佛商學院的研究，提問的種類可以分為以下「四大類形式」。

①「情況怎麼樣？」、「最近還好嗎？」等「導入型提問」。

②根據對方說的話，重複相同的內容發問的「反問型提問」。
③針對對方的回答進一步深入追問的「追蹤提問」。
④改變話題的「換檔提問」。

你：你有什麼興趣愛好嗎？（導入型提問）
對方：我是溫泉迷。
你：你喜歡泡溫泉啊？（反問型提問）
真不錯啊。你喜歡哪裡的溫泉？（追蹤提問）
對方：我喜歡溫度不會太高，泉質濃稠的「溫熱濃稠湯」，鹿兒島的紫尾溫泉很棒。神社的地底下竟冒出溫泉，所以稱「神之湯」。
你：「神之湯」！感覺泡了之後，對身體很有幫助！你都是從哪裡蒐集各地溫泉的消息？（換檔提問）
對方：就是拚命搜尋，也會向喜歡旅行的人打聽。
你：說到旅行，我上次……（分享自己的事）

怎麼樣？

用這種方式，是不是可以一直聊下去？

可以用這種方式，逐漸改變「球種」，避免一味發問，以**「提問→傾聽→提問→傾聽→不時分享自己的事」**的節奏無限循環。

說話的分量要控制在想說的話的八成左右，也就是**「話說八分滿」**，以結果來說，如果說話的分量能夠控制在**「對方六：自己四」**，就是最成功的比例。

我周圍那些優秀的大老闆和政治家，都很懂得運用這種方法。

遇到麻煩人物，用「提問」應對的方法

遇到以下的情況時，也可以用「提問」的方式解決問題。

★不想對方一直發問，或是對方提出自己不想回答的問題時

↓反問對方**「如果是你，會怎麼處理呢？」**把接力棒交還給對方，讓對方說話。

★遇到一個勁地聊自己的事的人

↓**「我為〇〇傷透腦筋，你覺得怎麼解決比較好？」**轉移對方不感興趣的話題上，或是自己想聊、想知道的事上。

各位是否認為**這些疑問句簡直萬能**？

只要掌握這種「疑問詞提問能力」，就完全不需要為「到底該說什麼才好」這種問題煩惱、著急，不必浪費不必要的精力。

各位也可以**在轉眼之間，就成為「聊天高手」**。

專欄

菅義偉前首相是「最強傾聽高手」

大家都知道菅義偉前首相是不擅言詞的人，但在私下和他見面時，發現他是個坦率眞誠的人。

無論任何時候和他見面，他都從來不會擺出官架子，總是謙虛地傾聽別人說話。我認識不少權貴顯要，菅義偉前首相很與眾不同。

當我和他分享，我將創立一所「最強說話術學校」，傳授國際水準的溝通術時，他瞪大了眼睛，稱讚說：

「妳太有行動力了。」

同時，他認同本校的宗旨——「為帶領日本繼續前進的下一個世代領導者盡一份心力」，還答應擔任學校的「特別講師」。

雖然菅義偉前首相不擅長在大眾面前說話，但是，「激勵他人的統率力」超強，也留下了很多政績。

和他面對面談話時，他說的每一句話都意味深長。

在當今的時代，口舌犀利，在眾人面前能言善辯的人更受到推崇，「表演能力比內涵更突出」的人往往更吃香，但我也深刻體會到，表面文章無法代表一切。

技巧7

「只要問一個問題」，就可以讓聊天更深入

「你的感覺如何？」可以讓聊天更順利！

聊天、談話和對話之間到底有什麼差別？

- 聊天　沒有目的，輕鬆閒聊。
- 談話　有本質內容，達到溝通目的。
- 對話　有明確目的，充分溝通，加強彼此的關係。

通常會對這三個名詞作出這樣的解釋。

聊天只是說一些表面的客套話，如果能夠更進一步深入談話或對話，就

可以建立更深入的關係。

如何才能做到呢？

只要問一個問題，就可以從聊天深化為談話和對話

關鍵就在於**「是否能夠觸碰到對方內心深處的感情」**。

談話和對話會更深入觸及彼此的價值觀、感情、動機等「內在」的部分。

不要只是說一些表面的敷衍話，而是充分表達自我，分享個人經驗和人生故事、想法，就可以促進彼此的關係。

有一個問題，可以讓聊天深化為談話和對話。

這個問題就是——

「你的感覺如何？」

相信各位也已經發現，這個問題也是「Wh 疑問句」。

表達內心的感受，也就是**彼此的心情和感情產生共鳴，就可以一口氣深化人際關係。**

如果能夠藉由這個問題，問出對方隱藏在內心的感情，就能夠一下子縮短彼此的距離。

為什麼男性都覺得自己不擅長聊天？

雖然「共同的情緒反應」，也就是**「共鳴」是拉近人和人之間距離的最強武器**，但是，當我問我學員中的中高年男性的高階經理人，大部分人都說自己「不擅長」。

雖然每個人的情況各有不同，但**中高年男性應該基於以下五大理由，所以不擅長聊天。**

①男性通常不擅於「解讀」他人的感情

在進行「根據人的表情和動作，解讀內心的感情」的實驗後發現，**「女性比男性更能夠快速而正確地解讀對方的感情」**。

女性也比較擅長察覺對方的表情和動作的變化，感受現場氣氛，和對方在說話時隱藏在字裡行間的意思。

相反地，有不少女性在作簡報時，因為太容易感受到聽眾的反應，所以反而產生「緊張和畏縮」。

小花絮

經常出現在媒體上的超級知名的女性老闆、以驚人之勢打造出自己品牌的實力派女性總裁，以及日本具代表性的大企業女性高階主管，都異口同聲地對我這個「教練」說：「我沒有自信。」、「我不行……」

她們在簡報時，經常會因為太在意聽眾的反應而感到畏縮。

女性解讀他人感情的能力，既是強項，也成為一種弱點。

②男性也不擅長「表達」自己的感情

許多男性不僅不擅長解讀別人的感情，甚至覺得**「表達感情也很困難」**。觀察女性激動聊天時就可以發現，「悲傷」、「寂寞」、「懊惱」、「無法原諒」這些表達感情的詞彙持續在彼此之間傳遞。

敞開心胸，有共同的情緒反應可以一口氣增加彼此的感情，但很少看到男性之間發生相同的情況。

③「競爭」意識強烈

通常認為**男性的談話目的是「competition」（競爭），女性則是「collaboration」（合作）**。

男性在和他人相處時，會情不自禁地產生競爭意識，「要讓自己看起來比對方更厲害」、「要贏對方」，不少人排斥平起平坐地「閒聊」。

④男性通常認爲「說話＝達到目的的手段」

對女性來說，溝通經常是「目的」，但是男性經常認為是**「為了達到某種目的的手段」**。

男性經常說「如果是為了工作，可以聊一聊」、「我不喜歡沒事聚在一起瞎聊，完全沒有任何成就感」。

⑤男性通常「對別人不太有興趣」

還有另一大特徵，就是「對他人產生興趣」的程度。

「你對聊天對象有興趣嗎？」很多男性聽到這個問題，都會忍不住歪頭思考。

甚至有人回答說：「如果是和漂亮女生聊天，當然會有興趣，但對男人沒興趣。」

對方有什麼興趣愛好，家庭環境如何，喜歡吃什麼食物。

只要對對方感興趣，產生好奇心，即使不需要思考「要聊什麼話題？」自然會聊得很投入，如果「原本就對別人沒興趣」，聊天的難度當然就增加了。

「女性會對『人』產生興趣，男性容易對『物』產生興趣」。

科學研究也證明了這種傾向，很多男性不擅長聊天，和「共同的情緒反應」、「目的意識」和「對他人的興趣」有密切的關係。

技巧8

「如果」、「最」這兩大類問題，可以了解對方的真心

多運用「如果」和「最」這兩大類問題

美國知名的脫口秀主持人在節目中，持續向來賓問了以下的「如果」問題，雙方在節目中聊得很開心。

試著使用「如果」這類問題

如果你有魔杖，你想做什麼？
如果你統治了全世界，你想做什麼？
如果你是美國總統，你想做什麼？

如果你有一億圓，你想怎麼使用？
如果你可以帶一樣東西去無人島，你會帶什麼東西？

主持人試圖藉由這些出人意料的問題，問出來賓內心真實的想法，但是妥善運用這些問題問朋友或是男女朋友，或是在和朋友聚餐時問這些問題，也可以讓氣氛變得很熱烈。

務必要試試「最」這類問題

除了「如果」這類問題以外，還要試試**「最」這類的問題**。

「什麼是你至今為止，吃過最好吃的東西？」
「你這輩子印象最深刻的事是什麼？」
「和家人最快樂的回憶是什麼？」

最快樂、最悲傷、印象最深刻……總之，**可以問對方人生中各種「最」的經驗**。

無論是「如果」還是「最」的問題，都是能夠深入對方的深層心理，縮短彼此距離的簡單有效問題，請各位務必多加使用。

技巧9
具體詢問「哪些方面」，讓對方更容易回答問題

多多使用「最近還好嗎？」、「情況怎麼樣？」

「『你喜歡哪一種狗？』屬於有多種不同回答的開放式問題，通常開放式問題比『你喜歡狗嗎？』這種用『Yes、No』就可以回答的封閉式問題更理想。」

這是許多聊天術的書籍中都介紹的方法。

但是，在輕鬆聊天時，當然可以問像是「要不要○○？」、「今天的天氣真差」，這種可以用簡單的「Yes、No」來回答的問題。

關鍵在於問題不要一成不變。

「大範圍問題」和「小範圍問題」孰好孰壞？

問題除了有「開放式」或「封閉式」，還要思考另一件事，就是**「大範圍問題」和「小範圍問題」孰好孰壞**。

用英文聊天時，通常都會先問對方「How are you？」、「How are things？」（你好嗎？最近怎麼樣？）但在日文中，並沒有類似這種的固定問話方式。

因此，我經常會用以下的問題。

「最近還好嗎？」
「狀況怎麼樣？」

這是很模糊、可以有各種不同回答方式的「大範圍問題」，對方可能會感到很驚訝，往往會如實回答問題，所以我認為是很理想的「導入型問題」。

「唉，最近很不順。」

「在各方面都很辛苦。」

「最近狀況超好。」

聽到對方這麼回答後，就可以繼續問：「為什麼？」、「怎麼了？」、「發生了什麼事？」等追蹤問題。

稍微縮小問題範圍的「魔法詞句」

如果「大範圍問題」太模糊，很難回答時，也可以稍微**縮小問題的範圍**。

例如：

「學校怎麼樣？」↓「今天的社團活動練習了什麼？」

「工作怎麼樣？」↓「今天的工作中，哪一部分最開心？」

縮小問題範圍時，**「哪個部分」**這幾個字方便好用。

「學校怎麼樣？」↓「學校的哪個部分讓你感到開心？」
「工作如何？」↓「工作的哪個部分有困難？」
「育兒還順利嗎？」↓「育兒的哪個部分很辛苦？」

當用這種方式發問，對方也就很難敷衍地回答「還好啦」、「反正就那樣」。

「怎麼樣？」、「為什麼？」這種大範圍的問題太模糊，有時候讓人難以回答，所以，用「哪一個」、「哪裡」等縮小問題的範圍，就方便作出具體的回答。

「哪個部分」就是「哪一個」和「哪裡」相結合的詞句。

當別人發問，自己回答的過程中，能夠整理思緒，有時候甚至可能發現原本沒有察覺的本質。

除了提出「方便對方回答的問題」，還要同時結合「為什麼？」這種「有助於對方認真思考、有所發現」的問題，談話就可以更加深入。

時而開放，時而封閉，時而擴大範圍，時而縮小範圍……

提問有張有弛的節奏也很重要，必須避免單調。

技巧10

「我也是」是「對話自戀狂」的起點

談話時要百分之百關注對方！

以下的對話中有一個問題。
請問各位知道哪裡有問題嗎？

A：「我最近找到一家超好吃的烤肉店。」
B：「啊，我最近也去吃了烤肉，五花肉超好吃！那家店的店名是……」

B的回答很有問題。
A在說話，B卻打斷了對方的興致，把話題轉移到自己身上。

你身邊是否也有「對話自戀狂」或是「談話小偷」？

美國的社會學家稱那些在聊天時，喜歡把話題導引到自己身上的人為**「對話自戀狂」**，不知道各位身邊有沒有這種**「談話小偷」**？

這種人就像池子裡的鯉魚一樣，不停地張開嘴巴，**隨時準備插嘴搶話**。

不太愉快的小花絮

我也曾經有過同樣的經驗。

盛氣凌人的大臣、開口閉口都是「老子我多厲害」的顧問，還有滿嘴都是自我吹噓的外商公司老闆……

這種人的風評明明都很差，但有人認為他們那種強烈的自我表現欲是「有自信」，讓這些人有機會升官或是打響名號。

越是說話自信過剩的人，內心往往極度自卑，所以才會拚命自我吹噓，讓自己看起來比實際上更厲害……

要特別注意「我也……」這句話

為了避免自己成為「談話小偷」，就必須注意「我也……」這句話。

也許原本是為了表達共鳴，但其實**這句話會讓話題轉移到自己身上**。

說「我也……」，是不是假裝在聽對方說話，一直找機會插嘴說自己的事？

如果想要讓聊天、談話更舒暢，就**不要去想「接下來我要說什麼」，而是要百分之百關注對方**。

截斷流入對方稻田的水流，讓水流入自己稻田的行為很不道德。

出色的「追蹤提問」是聊天的關鍵

根據前面所提到的哈佛商學院的調查，談話中最重要的是在技巧6介紹的四大類提問形式中的「③追蹤提問」。

回到前面介紹的對話，B應該問對方：「是什麼樣的烤肉店？」

可以說，**出色的「追蹤提問」才是聊天的關鍵**。

說到聊天，很多人會為「沒有聊天的話題」、「不知道該聊什麼」感到不安，市面上談論聊天術的書，也推薦「飲食」、「旅行」是不敗話題。

但是，正如前面所介紹的，**根本不需要煩惱「要先說什麼」、「接下來要說什麼」這種事**。

對方想聊什麼話題？

可以藉由提問和傾聽，找到對方的「礦脈」，挖掘話題，聊天和談話就會更順暢。

第二章

有助於聊天、交談順暢的「無敵傾聽方法」的六大技巧

讓人覺得「和他聊天很開心！」的方法

掌握了聰明提問術之後，接下來要學習可以讓對方聊得很開心的**「傾聽技術」**。

有不少人認為，「雖然我不擅長聊天，但我是傾聽高手」，但會不會變成像「海綿」一樣只聽不說？

真正的傾聽不能只聽不說，而是要像彈跳床一樣適度回應，聊天和談話才能越來越開心。

你一定可以成為對方心目中「我還想和他（她）繼續聊下去！」的人。

技巧11 哈佛式的「世界最強傾聽術」

掌握三大步驟！

「我無法有話直說」、「有很多顧慮」這種日本人典型的煩惱也曾經很困擾我。

在美國ＭＩＴ（麻省理工學院）擔任研究員期間，我花了大錢，去參加了位在同一個城市的哈佛法學院「Program on Negotiation（談判研究計畫）」。

我雄心勃勃，立志要「藉由參加全世界最厲害的談判術講座，成為厲害的談判高手」！

沒想到教授對我的諄諄教誨是——

「談判時，最重要的並不是口若懸河地表達意見或是試圖駁倒對方。」

「想要打動對方，就要徹底傾聽。」

我聽了之後感到很失望，甚至清楚記得當時覺得「我想要學坦然地表達自己的主張，和對方談判的技巧！把錢還給我！」。

為期兩週的講座期間，除了學習針鋒相對的談判策略以外，還徹底學習了名為「積極傾聽」，也就是「充分傾聽對方意見的技巧」。

談判時，並非必須犧牲對方，只謀求自己利益的零和遊戲，而是要追求對雙方都有好處的雙贏局面。這才是最出色的談判。

我在那個講座中學到，在言語上「駁倒」對方，只會激怒對方，把對方逼入絕境，無法帶來任何好處。

哈佛式說服術，傾聽王道的三大步驟

世界各地的菁英實踐的哈佛式說服術「積極傾聽」有以下三大步驟。

①接受。
②換另一句話說。
③提問。

比方說，和主管之間的談話，就會變成以下的形式。

下屬
我最近開始去有私人教練的健身房。

上司

步驟①接受

是喔，真厲害，你最近看起來的確變瘦了。

步驟②換另一句話說

所以你開始練肌肉嗎？

步驟③提問

你為什麼想開始健身？

還有像是以下的對話。

朋友或是孩子

我不想去公司上班（補習班上課）……

你

接受↓這樣啊。有時候的確會不想上班（上課）。

換另一句話說↓是不是太累了？你真辛苦啊。

提問↓要不要吃點好吃的東西？

為了向對方傳達，自己充分了解了對方的意圖和心情，讓對方感到安心，產生信賴感，必須遵循「①接受」、「②換另一句話說」、「③提問」這三個步驟。

技巧12
靈活運用「三種附和方式」

「反應」、「同意」、「共鳴」。
用附和迅速拉近和對方之間的距離！

哈佛式傾聽術的三大步驟「①接受」、「②換另一句話說」、「③提問」中，第一個步驟**「完全接受對方說的話」是聊天最重要的技巧**。

說起來，就像是向對方伸出戴著棒球手套的手，出示自己接住的球，讓對方了解「我接住了你丟過來的球」。

如何做到這一點，關鍵就在於「附和」。

以下介紹**聰明的附和方法**。

應用了「感嘆法則」的「反應附和」

在上一本《最高說話術》中曾經提到，可以藉由想像對方是否會發出感嘆，了解「聽眾是否對自己說的話產生共鳴，是否打動了聽眾」。

這一次，在重新研究聊天技巧過程中，我發現可以將「感嘆法則」應用在「反應附和法」上。

這些反應都是**發自內心產生共鳴的反應**，可以藉此向對方傳達「我在認真聽你說話」，讓對方更加暢所欲言，成為談話中的潤滑油。

巧妙運用「同意附和」、「共鳴附和」

除了**「反應附和」**以外，**還可以用「同意附和」**，表示理解對方說的話。

當別人對自己說的話產生共鳴，心情就會很愉快。

所以，**用言語表達出對方內心感情的「共鳴附和」也很有效**。

「這個人很了解我的心情。」

「這個人支持我。」

當對方產生這種想法，就可以瞬間拉近彼此之間的距離。

遇到那些「我總覺得把感情說出來有點難為情」、「我不太了解對方的感情」的人，我都建議他們區分使用以下這句話。

「辛苦你了。」
「你還好嗎？」
「不會有事的。」

光是這**三大金句**，就可以發揮絕佳效果。

妥善運用「反應附和」！

喔喔	發現
真棒啊	讚賞
嗯嗯	認同
咦？	驚訝
啊喔！	喜悅

哇噢	佩服
呀啊啊啊！	恐懼
是啊是啊	理解
是喔	意外
哇	感嘆

自如運用「同意・共鳴附和」！

同意附和
「是啊。」
「你說得對。」
「沒錯。」
「原來是這樣。」
「我懂。」

共鳴附和
「你受苦了。」
「太過分了。」
「簡直無法原諒。」
「太高興了。」
「真令人難過。」

技巧13

巧用「Yes and」，絕對不要否定對方

你周遭是否有那種總是用「但是……」反駁的人？

聊天時，針對不同場合，巧妙運用「同意」、「共鳴」和三大金句。

換句話說，就是**「不要劈頭否定對方」**。

不知道各位讀者周遭是否有這樣的人，**無論別人說什麼，他都會說「但是……」來反駁**。

美國人會像健身一樣鍛鍊「交流肌」

在美國，每個人無論在學校還是職場，一輩子都在學習溝通，並且持續

磨練溝通技巧。

街頭巷尾有許多學習溝通交流的學校和教室。

還有演講、說書、肢體語言、表演、聲樂訓練的學校和工作坊……

這些學校和教室的共同點，都不是光聽講座而已，而是都需要參與者發出聲音、活動身體，徹底實踐的輸出型學習。

美國人在下班後，就像去健身房健身一樣，鍛鍊自己的「交流肌」。

運用「Yes and」技巧，聊天就很順暢

我當時也幾乎有課就上，每天都去上各種不同的課，但紐約人最喜歡的是名為**「Improv」**的即興表演課。

這堂課的上課方式很簡單，兩人一組站在舞台上，當對方說話時，自己即興發揮，和對方對話。

我在那堂課上學到了**「Yes and」**技巧。

千萬不要否定對方，也就是無論對方說什麼，都不可以說「No but」。

A：「我昨天吃了好吃的蛋糕。」
B：「這樣啊，真羨慕。咦？你之前不是說要減肥？」
A：「對啊，我在用蛋糕減肥。」

即興表演課上，就是用這種方法持續對話。

我當時太缺乏天分，無法順利製造笑點，但我從中學到一件事，**那就是為了使談話順利進行，就必須肯定對方說的話，接受對方表達的意見。不要用「但是……」這種句型，劈頭否定對方**。

也要注意「Yes but」

有些人並不是要否定對方，但是會習慣性地說「但是……」有這種習慣的人要注意。

首先要接受、認同才能繼續聊下去。這是聊天順暢的秘訣。

有不同意見的時候，不要先說「但是……」而是要說「你說得沒錯」，接受對方的意見。

有些人雖然先用「你說得有道理」，表示接受對方的意見，之後卻用「但是」加以否定，**這種「Yes but」的說話方式也要注意。**

可以採用另一種方式表達。**「你說得有道理，還有……」的說話方式，仍然保持「Yes and」的形式。持續肯定對方，就可以讓對方心情愉快地繼續說下去。**

專欄
有一家天才主廚開的餐廳，料理和聊天都很讚

只要聽說「這個人很會說話」，無論是天涯海角，我都會去見那個人。

我曾經去青森的恐山拜訪一位高僧，還曾經聽說某個有點問題的投資講座的講師說服力超強，就潛入那個講座……

當我聽說「有一個天才大師級主廚的說話術超驚人！」就出發前往山形縣的鶴岡市。

這位天才主廚就是吸引全國各地老饕前往的「Al che-cciano」餐廳主廚奧田政行先生。

他在餐桌之間穿梭，愉快地和客人聊天。

他的親切態度也是米其林等級，轉眼之間，就讓客人對他敞開心房，拉近了彼此的距離。

他告訴我，秘訣之一，就是**「和對方同化」**。

也就是模仿對方說話的方式，說話方式配合對方的溫度和頻率。

他用這種方法，讓客人在和他見面的瞬間，就有一見如故的感覺，完全不覺得他是「從來不曾見過的陌生人」。

技巧14

「拜託你○○○○」是人生中最無敵的一句話

每個人都會對「曾經幫助過的人」產生好感

「雖然傳授了很多方法，但我沒有自信能夠記住……」

也許你有這樣的想法，**那我就來分享一句「魔法金句」，讓你隨時隨地，和任何人都能夠搭上話**。

無論對方看起來多麼難以親近、盛氣凌人，或是看起來很可怕，只要說出這句話，你們就能夠聊得很開心。只要記住這句話，看這本書就值回票價了！

各位久等了，這句話就是──

「拜託你給我建議。」

「拜託你指點我一下。」

我們除了會對「幫助自己的人」產生好感，也會對「幫助過的人」心生好感

每個人都會對「曾經幫助過的人」產生好感。

反過來說，**只要巧妙地讓對方指點自己就好**。

這種現象有一個專屬的名詞，源自歷史上的知名人物，名為**富蘭克林效應**（Ben Franklin Effect）。

班傑明．富蘭克林。

舉世聞名的富蘭克林具有奇才異能，是一位物理學家，曾經用風箏實驗，證明了雷是電力，同時也是一位政治家，他的頭像出現在一百美元紙鈔上。

有一次，富蘭克林拜託一名經常和他針鋒相對的政敵：「請問那本書可以借我嗎？」沒想到對方不僅沒有不願意，反而因為這件事，一改之前對他的態度，改善了彼此的關係。

因為這件事，所以就把這種「因為幫助過某人，就會對對方產生好感」的心理效應稱為「富蘭克林效應」。

人除了會對「幫助自己的人」產生好感，也會對「自己幫助過的人」心生好感。

通常認為，這是受到**「認知失調」**作用的影響。

當內心有相互矛盾的認知和不舒服的感覺，為了消除這種狀況，就會改變自己的態度和行為。

如果幫助的對象是關係並沒有很好的人，內心就會有不舒服的感覺，「我為什麼要幫助這個人？」

為了消除這種壓力，於是就會認定**「我一定對這個人有好感，所以才會幫助他」**，消除內心的「認知失調」，消除內心不舒服的感覺。

重點在於不要向他人索取「物品」，而是要求「指點」

因此，**「向他人求助」是讓對方對自己產生好感非常有效的方法**。

向他人求助時，不能要求「借錢」這種會造成對方困擾的事，**「要求對方的指點」這個方法極其有效**。

要求對方的指點，不會傷對方的荷包，不至於造成對方太大的負擔。

「我不擅長和別人交流溝通，可以請你給我一點建議嗎？」
「是否可以請你對我日後的生涯規劃提供一點建議？」
「可以請教一下你的意見嗎？」
「可以請你指點我一下嗎？」
「可以請你教我嗎？」

大部分人聽到別人這樣拜託，都會為別人需要自己的幫助感到高興，想要「助一臂之力」。

因為每個人的內心都有「想要對他人有幫助」的欲求。

無論大事小事都求助於人，當然會令人傷腦筋，但如果有什麼煩惱，或是遇到什麼困難，就不要猶豫，要鼓起勇氣求助。

「請你指點我一下。」

「請你給我一些建議。」

這些話能夠滿足對方的認同欲求，是強烈的「稱讚」。

至今為止，我也曾經對很多人用了這句金句，從來不曾遭到拒絕，對方通常都會欣然向我提供很多建議。

技巧15

不要想著給人建議，而是要向他人求教

不要想教別人，而要虛心求教，人生更美滿！

「可以請你給我一點建議嗎？」、「可以請你指點我一下嗎？」任何位高權重的人，聽到這種話非但不會覺得討厭，反而會感到很高興。

因為**人類是「很喜歡指教別人」的動物**。

人類容易成為「指教魔人」深層理由

在保齡球場或是高爾夫練球場，經常會遇到主動想要教別人的**「指教魔人」**，這件事也曾經成為網路上的熱門話題。

不知道各位生活周遭，是否也有這種「逮住各種機會指教別人」的人？

其實人類都很容易不小心成為「指教魔人」。

根據二〇一八年發表的一項國外的共同研究顯示，向他人提供建議，影響他人的行為，會讓人產生一種自己擁有強大實力的錯覺。**追求權力的人更容易成為「指教魔人」**。

對方接受建議的「三大要因」

自己徵求別人的建議當然沒有任何問題，但在向他人提供建議時，就必須特別小心。

「指教魔人」並不是只會發生在一部分人身上的問題，每個人都很可能會成為「指教魔人」。

父母會對孩子說教，上司也會對下屬或是朋友之間也會提供建議，這也許是因為**人類「想要對他人有幫助」的根源性欲求所致**。

根據哈佛大學的研究發現，**是否接受他人的建議，取決於「三大要因」**。

①需要付錢，才能得到這個建議。
②提供建議的人是專業人士，或是有豐富的經驗。
③聽眾的精神狀態能夠接受他人的建議。

也就是說，**指教的人是該方面具有權威的專家，被指教的人也處於想聽他人建議的狀態，否則就無法發揮任何效果。**

指導的原則就是不主動提供建議

只要注意以下三點，就可以避免成為討人厭的「指教魔人」。

①除非他人求助，不主動給予他人建議

每個人都認為「自己的意見很有價值，只要自己表達意見，就可以改變對方的想法」，但是，**基於「你錯我才對」的想法所提供的建議不僅無法發揮效果，只會造成對方的困擾**。

②即使別人要求，有時候不給予建議比較好

即使別人要求，有時候還是不給予建議比較好。

當太太問：「我該怎麼辦？」和丈夫討論自己遇到的狀況或是煩惱時，丈夫提出了解決方案，認為「妳可以這麼做」，沒想到反而讓太太不開心。類似的事時有所聞。

有時候，我們嘴上說「希望給我一點建議」，但其實內心已經有了答案，只是希望別人聽自己說說這件事。

不要強迫對方接受自己的意見，也不必教導對方，傾聽對方說話，讓對

方自己找到解決方案，用對方能夠接受的方式加以協助，效果更加理想。

事實上，根據美國的一項研究顯示，別人傾聽自己說話，比提供自己建議，更能夠讓人感到「別人理解我」。

③牢記一件事，不要教導別人，而是要虛心受教

在當今瞬息萬變的時代，願意「活到老，學到老」很重要。

無論活到幾歲，不拘泥於上下關係，**謙虛地向他人求教的人，就會受到所有人的喜愛**。

不要高高在上地覺得「我來教你」，而是要坦誠地請別人「請你教我」。

這才是宇宙最強的溝通能力和聊天能力。

技巧16

「自帶喜感的人」比「刻意逗人發笑的人」更受歡迎

爲什麼冷笑話會惹人翻白眼？

最受歡迎的是「自帶喜感的人」，而不是那些「刻意逗人發笑的人」

和中老年男人聊天時，他們都會雙眼發亮地對我說：「很希望有好人緣！」

我對他們說，**「只要願意傾聽，就會有好人緣」**，他們就會一臉嚴肅的表情問我：「那該如何表現自己？」

我都會明確告訴這種人，**「完全不需要刻意求表現！」**

「說教」、「吹噓」、「當年勇」和「嘮叨」惹人討厭

認真傾聽別人說話，適時點頭附和的人，就會受人喜愛，就會有好人緣。

不知道各位讀者有沒有遇過一種人，只要一開口，**不是「說教」，就是「吹噓」，不然就是「當年勇」**。

還有更令人討厭的**「嘮叨」**。

「談話時，最初只說二十秒是綠燈，二十到四十秒是勉強能夠過關的黃燈，四十到六十秒就是必須停止的紅燈。」

《哈佛商業評論》中，曾經有這樣一篇文章，文章中認為，**如果超過四十秒，就是話太多了**。這個標準很嚴格。

雖然不必在時間上分秒計較，但不妨設定一個簡單的指標，**那就是自己說話的時間總量要略少於對方說話的時間總量**。

有一件事很重要，所以要一再重申，那就是「提問」和「傾聽」比「說話」更重要。

以為「只要會搞笑，就會有好人緣」是天大的誤解！

除此以外，不要誤以為「只要會搞笑，就會有好人緣」，在說話時刻意逗人發笑。

千萬不要絞盡腦汁搞笑，或是想要逗人發笑。

不必刻意搞笑，能夠津津有味地聽別人說話的大叔，反而才會有好人緣。

明石家秋刀魚先生和出川哲朗，還有笑福亭鶴瓶先生之所以能夠受到觀眾的愛戴，不光是因為他們說話妙趣無窮，更**因為他們總是一臉愉快的表情聽別人說話，他們發自內心樂在其中**。

願意當別人的綠葉，充分襯托對方魅力的態度，能夠引發共鳴。

專欄

「冷笑話」惹人白眼的理由

偶爾會遇到開口閉口都是冷笑話的人。

當事人並沒有惡意，但是太愛說冷笑話，就會讓人翻白眼。

最大的問題在於，**他們在聽別人說話時，腦袋開始思考要怎麼用冷笑話搞笑，這代表並沒有自始至終認眞聽對方說話。**

他們滿腦子只想著**「我說什麼笑話，才能讓大家覺得好笑」**。

對方原本希望好好聊天，聽到這種冷笑話，只會覺得這種人在破壞氣氛而忍不住翻白眼。

喜歡冷笑話的人，請務必不要犯這種錯誤。

第三章

聊自己的事有技巧，讓人想要「繼續聽他說！」的八大直球技巧

磨練打動人心的「超級說話能力」

掌握「提問能力」和「傾聽能力」後，就要進入下一個階段。

也就是針對「提問↓傾聽↓提問↓傾聽↓分享自己的事」這個循環的最後一部分，**磨練「分享自己的事」的技巧**。

很多人希望可以從聊天深化為談話、對話，進一步增進彼此的關係。

但又**不知道如何才能藉由說話，抓住對方的心**，為此感到煩惱。

很多人「我能夠傾聽，這件事沒有太大的問題，我只是很不會說話」。

接下來就介紹讓人覺得「我想繼續聽他說！」，吸引聽眾的聊天秘訣。

技巧17 注意說話術的「三步驟」

「說出來」→「聽進去」→「一起聊」的過程很重要

在前面的技巧4中也有提到，人只聽得進自己想聽的話。對下屬或是兒女說話時，他們可能會假裝在聽你說話，**但真正進入身體的，只是像空氣一樣，自己真正想要的、必要的東西**。

如果兒女或是下屬沒有認真聽你說話，這件事並不是他們的錯。**溝通交流的責任，有九成在說話的人身上**。因為如果你拋出的不是「對方能夠接到的球」，雙方當然無法開始傳接球。

有的人會一股腦兒說出自己想要說的話，有的人把聊天的球丟到對方根本接不到的地方。

平時聊天時，也經常會遇到這種人。

要意識到「說出來」↓「聽進去」↓「一起聊」的過程

溝通交流時，有以下三個步驟。

「說出來」（把球丟給對方）
↓
「聽進去」（讓對方接到球）
↓
「一起聊」（讓對方把球丟回來，你一言，我一語，加深彼此情感）

不是隨便亂丟「自己喜歡的球」，而是要丟出「對方欣然接受的球」，讓對方接住，再讓對方把球丟回來，在你一言，我一語，相互丟球的過程中，加深彼此的感情。

不要「說出來」之後就沾沾自喜，必須以對方能夠「聽進去」、「一起聊」為目標。

丟出對方容易接到的「球」的**秘訣，就是「丟出對方伸手就可以接到的球」**。

重點在於**談話的話題必須和對方的「關係」、「關心」和「價值」相關（因為日文發音都以K開頭，因此簡稱為3K）**。

在上一本著書《最高說話術》中，也曾經介紹過3K話題，這一次要介紹進階版**！**將具體逐一解說和聊天能力有直接關係的3K話題。

技巧18

聊和對方有「關係」的事

針對「五大類話題」思考

如前面所說，每個人只想聽「自己有興趣的話」。

反過來說，**大家想聽的都是關於家人、健康、金錢、朋友、工作和興趣等和對方有「關係」的話題**。

雖然對地球暖化、難民問題，或是美國的種族歧視沒有太大的興趣，但如果談到新冠肺炎、疫苗的問題，大家都會豎起耳朵。

和對方有「關係」的話題可以分為「五大類」

具體來說，哪些是**「和對方有關係的話題」**呢？
如果想不出聊天的話題，建議可以從以下「五大類」中挑選。

①金錢——對方覺得「會吃虧或是有利可圖」的事
「這絕對會賺錢！」
「這樣一年下來，就浪費了十萬圓。」

②切身事物——對方「生活周遭、熟悉的事」
「這附近新開了一家很好吃的蛋糕店。」
「我們部門來了一個超優秀的同事。」

③便利——對對方「有幫助」的事

「這台機器只要按一下，就可以完成很費工的料理。」

「只要用這個，洗衣服就變得超簡單，簡直到了令人難以置信的程度。」

④衝擊——對方覺得對「個人、社會影響（有衝擊）」的事

「我們以前常去的那家居酒屋，因為新冠疫情的影響倒閉了。」

「◯◯會在下次人事異動時，來我們課當課長。」

⑤煩惱——對方「在意的問題」

「你一直很在意肚子周圍的贅肉，有一種方法可以讓你迅速消除這些贅肉。」

「我教你一種簡單的瘦臉操，只要一分鐘，就可以讓臉變小。」

我努力將聊天術變成數字或是方程式，方便讀者記憶，「關係」方面的話題可以用**「今生立即的煩惱」**這個口訣幫助記憶。

「今（金錢）生（切身）立（便利）即（衝擊）的煩惱」。

雖然這樣的諧音哏很無聊，但應該有助於記憶。

技巧19 談對方「關心」的話題

對方「關心」的事也可以從「五大類」著手

不敗3K話題的第二大話題就是**「關心」**。

對方的「關心」也可以分為「五大類」

如果是對方「關心」的話題，對方當然就很願意一起聊。

對方「關心」的話題，也可以大致分為「五大類」。

①新鮮——新事物、新變化
「〇〇公司的新商品爆紅，一上市就銷售一空。」
「新冠疫情的確診人數歸零了。」

②坦白——秘密、第一次說的事
「其實我有一件事一直沒有告訴你。」
「我說了一個謊。」

③知名——受到矚目或是惡名遠播的人或企業
「目前最受矚目的諧星A。」
「在美國大聯盟表現很活躍的日籍選手。」

④流行——最近的事、熱門
「這款甜點現在超夯。」

「超級暢銷書〇〇太令人感動了，你一定要看。」

⑤辛苦、失敗、掙扎——如何克服困難

「窮困潦倒的遊民一躍成為世界級演員。」

「在即將開幕的前一天，竟然發生了這樣的狀況。」

各位久等了，「關心」話題的諧音口訣就是**「新毯子流失」**。

「新（新鮮）毯（坦白）子（知名）流（流行）失（失敗）」。

雖然這個口訣很牽強，但還是希望各位讀者像考生一樣記下口訣。

每次看 TikTok 和 YouTube 的影片，經常會看得欲罷不能。看了那些推薦的影片內容，發現全都符合這些條件。

新鮮事、名人、失敗經驗、流行事物……

這些內容可以影響人類的感情，在腦內大量分泌「快樂荷爾蒙」多巴胺。

所以，人類難以抗拒這些話題的魅力。

將「關係」和「關心」總共十大類的內容相結合，話題馬上可以升級！

技巧20 聊天的同時，提及對方的「價值」

告訴對方「你很厲害」！

3K話題中的最後一個話題，也是三大話題中最重要的——**「價值」**。

哪一個上司更能夠激勵士氣？

比方說，請各位讀者思考一下，以下哪一個上司說的話，更能夠讓人受到鼓舞？

A：我的信念，就是「絕不輕言放棄」，發揮毅力，積極爭取客戶，用這種方式創造了頂尖的業績。我覺得你太沒有毅力了。

B：平井，你能夠敏銳地察覺下屬的想法，懂得隨機應變，提出適當的建議。你的努力都得到了明確的成果，太感謝你了。

很顯然，B的這番話更能夠激勵人心。

很多人經常不自覺地對別人說教，或是自我吹噓。

「我去住了這麼出色的度假飯店。」

「我去了名人出入的高級餐廳吃飯。」

社群媒體上到處可以看到這種「小炫耀」。

說到底，人類就是喜歡談論自己的經驗、成就和優點，**也就是喜歡誇示「自己的價值」的動物**。

但是，對聽眾來說，就未必是「有價值的事」。

任何人都想聽稱讚話，而不是老王賣瓜

聽眾最想聽的，**並不是「講者的價值」，而是「對自己有價值的事」或是「自己的價值」**。

任何人都想聽別人稱讚自己，而不是別人老王賣瓜。**大家想聽的不是「我超厲害」，而是別人對自己說「你太厲害了」**。

所以，在「分享自己的事」時，不要淪為自我宣傳，而是必須充分傳達「對方認為有價值的資訊」，或是「對方的價值」。

技巧21

用「橘子保管」法則徹底讚美

只要能夠「認可」＋「共鳴」＋「讚賞」＋「感謝」，高手就是你！

傳達對方的「價值」，**其實就是稱讚對方的優點**。

「你的皮包真好看。」

「你這件衣服好美，在哪裡買的？」

在美國生活時，日常生活中經常會聽到別人隨口的稱讚。

他們的稱讚聽起來很自然，完全不刺耳，簡直懷疑他們的舌頭下藏了「稱讚肌」。

巧妙運用「稱讚」，可以使人心情愉快，也會越聊越開心。

溝通高手會靈活運用「稱讚」作為人際關係的推進器。

日本人對「稱讚」有誤會

在日本，有很多人覺得「稱讚＝不誠懇、假惺惺」，所以不願意稱讚別人。

小花絮

我的很多學員都是企業的高階經理人，我曾經問他們：「你們會稱讚下屬和太太嗎？」大部分人都面露難色。

雖然稱讚不當，可能會引發不必要的問題，所以我能夠理解他們的謹慎，但我發現他們也很少稱讚，所以似乎不太了解「稱讚」這種行為是怎麼回事。

甚至有人告訴我，「我稱讚我太太，結果她說渾身起了雞皮疙瘩」。

「好帥啊」、「好厲害」、「太棒了」……

說到「稱讚」，各位腦海中是否浮現出這些話？想像著聽到這種肉麻、膚淺的稱讚？

其實，相當於英文「Positive feedback」的廣義「稱讚」有更多的層次。

「稱讚」＝「認可」＋「共鳴」＋「讚賞（狹義的「稱讚」）」＋「感謝」。

我分別從「認可」、「共鳴」、「讚賞」和「感謝」的發音中取一個音，組合成**「橘子保管」法則這個口訣**。

我也在上一本著書中介紹了這項法則，也是受到很大迴響的內容之一。

「橘子保管」法則的實踐實例

以下就是使用「橘子保管」法則實踐的「一流稱讚術」。

①「認可」——發現對方的存在和行為，表達認同

「你說得有道理，我之前的確沒有發現可以從這個角度思考。」

「你真的很細心。」

「昨天簡報中關於競爭對手分析的部分很有說服力。」

②「共鳴」——同意對方的想法和意見，表示贊同和肯定

「一定很難熬。」

「太令人高興了。」

「你一定很痛苦。」

③「讚賞」——稱讚優點

「這個色彩運用得很活潑，真不錯。」

「你的品味真好。」

「你的笑容讓人感到溫暖。」

④「感謝」——向對方道謝

「謝謝你總是溫暖地關心我。」

「我內心充滿感激。」

「我要表達衷心的感謝。」

以下就是將「橘子保管」法則的四個部分相結合的實際稱讚案例。

對完成一項重要工作的下屬。

（認可）聽說上次的業務洽談非常成功。

（共鳴）你是不是有一種大功告成的感覺？

（讚賞）終於完成了一項高難度的工作，你的幹勁令人佩服。

（感謝）一直以來，你都對公司大有貢獻。謝謝你。

對為了入學考試刻苦用功的兒子。

（認可）你最近好像很用功啊。

兒子 要最後衝刺了。因為之前都太混了，所以有點著急。

（共鳴）我能夠體會你的心情，但是，你一定沒問題！

（讚賞）你向來都是「只要下定決心，就會全力以赴」，很厲害！

（感謝）謝謝你這麼有動力，這麼用功，爸爸支持你。

這樣的稱讚絕對比言不由衷的「辛苦了」、「加油」更能夠打動人心。

技巧22

從「四個『1』」中，立刻找到「稱讚點」

畫出文氏圖，強項顯而易見！

即使說明了稱讚的法則，再三強調稱讚的重要性，但我的那些大叔學員仍然顯得害羞又不知所措。

「我不知道該稱讚別人哪些地方。」

這種人**可以練習從「四個『1』」發現別人的強項**。

從「四個『1』」中發現對方值得稱讚的點

「四個『1』」的具體內容如下。

①Number 1——那個人比別人優秀的地方

「你的機靈簡直是日本第一。」

「你處理工作的能力簡直是超級電腦等級。」

「媽媽做的菜是全天下最好吃。」

②Only 1——只有那個人能做到的事，只有那個人才具有的能力

「只有你才能化解那個場面。」

「你太厲害了，只有你才能做到。」

「沒有你，這個企劃不可能成功。」

③Benefit 1——那個人為自己或他人帶來的好處

「你對公司的業績大有貢獻。」

「你豐富了我的人生。」

「你讓我從全新的角度認識問題。」

④ **Change 1——轉機、重大變化的點**

「你練習了說話術之後，越來越有主管的樣子了。」

「你以前總是一副事不關己的態度，最近終於有了責任感，會主動採取行動。」

「你以前做事總是拖拖拉拉，現在都會馬上付諸行動。」

可以在對方身上尋找符合這四個條件的「強項」。

這個**「尋找強項圖」**也可以用在自己身上，在自我介紹時，也可以使用這個圖尋找自己的優點。

自我介紹時，也可以用「尋找強項圖」尋找自己的優點！

我兒子和我的學生完全相反，他真的很會耍嘴皮子。

在此介紹一下他實際稱讚我的話。

「媽媽，妳的身材超好，簡直可以出寫真集了。」
「我（如果要交女朋友）要找像媽媽一樣的女生，因為媽媽簡直太完美了。」
「媽媽是全世界最囉嗦的人，但也是全世界最溫柔的人。」
「媽媽的學生太幸福了，因為可以讓這麼漂亮的老師教。」

各位是否覺得，我兒子的稱讚很符合「四個條件」？

即使言不由衷，但聽到這種稱讚，還是忍不住嘴角上揚。

我平時都叮嚀他，「以後不可以去當騙徒」。

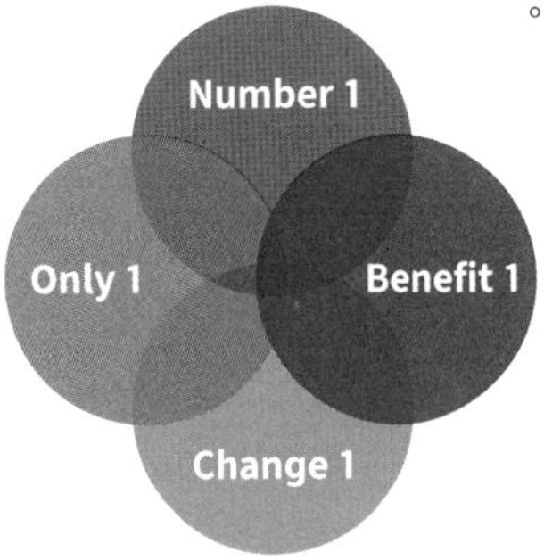

尋找強項圖

技巧23 稱讚力爆炸強！「即・具・真」魔法

稱讚是否「即時」、「具體」、「真心誠意」？

只要唸一個「魔法咒語」，「稱讚力」就會瞬間功力大增。

這個魔法咒語就是**「即・具・真」**。

【即】（在值得稱讚的行為發生後）即時

【具】稱讚要具體

【真】必須真心誠意

我在上一本書中也介紹過這個魔法咒語。因為效果很顯著，請各位務必牢記。

把「即・具・真」付諸行動

【即】即時

我在快二十年前，也曾經在公司上班。只有每三個月一次的評價面談時，才會和主管面對面好好聊天。

因為平時和主管之間很少有交流的機會，所以在評價面談時，無論受到稱讚還是挨罵，都幾乎沒有任何效果。說得極端一點，這種情況就好像狗做錯了什麼事，沒有當場罵牠，卻在一個月後對牠說：「你上次那種行為是錯的。」

為了讓對方了解「什麼樣的行為會導致什麼樣的評價」，**必須當場告訴對方「哪裡做對了」，即使只有簡短的一、兩句話也沒問題**。

當丈夫主動積極做家事、孩子主動寫完功課時，當場即時稱讚，他們就會了解到「這樣的行為能夠受到肯定」。

如果一年一次總結時表達感謝，根本難以了解哪些行為會受到稱讚。

即時的肯定，也可以讓對方了解到「對方隨時關心我」。人類也是動物，針對對方的行為即時作出反應非常有效。

【具】具體

在即時的基礎上，更加深入、更詳細地告知對方哪裡做對了。

「太好了」↓「你剛才做簡報時，態度落落大方，太帥了。」
「謝謝你」↓「謝謝你挑選了這家餐點美味的餐廳，簡直太棒了！」
「辛苦了」↓「今天來了這麼多客人，忙壞了吧？你幫了大忙，辛苦你了！」

可以用這種方式更具體地稱讚對方。

【真】真心誠意

在溝通交流時，**「怎麼說」比「說什麼」更重要**。

真心誠意地說「真的太好了！」、「多虧你幫了大忙，太感謝了！！」

比言不由衷地說「太好了」、「謝囉」，對方的感受會完全不一樣。

道謝時，要表達感謝的心意，稱讚時，也要表達讚賞的心意。**要傳達的不是「話語」，而是要傳達「心意」**。

要讓說出的話承載著滿滿的「體溫和體重」、「能量和心意」。

技巧24
懂得稱讚，就懂得享受「別人的稱讚」

稱讚的話語是禮物！心存感謝地收下！

稱讚固然很困難，但被稱讚時作出適當的反應，也不是一件簡單的事。

稱讚的一方很擔心「不知道對方會不會覺得我在拍馬屁或是奉承……」，被稱讚的一方覺得「並不值得稱讚」而否定對方的稱讚，或是擔心「也許之後的表現不盡人意……」。

根據美國的一項調查顯示，受到稱讚時，百分之八十八的人認為自己的價值受到了肯定，但同時有百分之七十的人感到不自在。

日本人「不擅長稱讚」，但我認為同時也極度「不擅長被稱讚」。

懂得享受別人的稱讚，就能自然學會如何稱讚別人

任何人受到稱讚都不可能不高興，也可以湧現動力。

既然獲得對方的稱讚，全力否定太可惜了，但是很多人可能「不知道該如何反應」。

小花絮

我以前對自己沒什麼自信，雖然很希望聽到別人的稱讚，但別人真的稱讚我，我又覺得擔當不起，是典型的不懂得享受稱讚的人。

那時候，我每次都回答「沒有、沒有」、「沒這回事」，但是研究顯示，這種回答方式「並不是正確的反應」。

有一次，我猛然驚覺，稱讚的人也是鼓起勇氣才說出那些稱讚的話語，我否定他們的稱讚，根本是失禮的行為。

「把稱讚視為禮物」

享受被稱讚的感覺，也會讓稱讚你的人感到高興。

「把稱讚視為禮物。」美國一位研究者這麼說，我完全同意這種說法。

這位研究者說：**「收到禮物時，我們不會說，我討厭這個顏色，也不會說我不喜歡這個形狀，所以我們也要心存感謝地接受別人的稱讚。」**

從此之後，我也隨時提醒自己要「改變說詞」。

「不不不，沒這回事。」↓「謝謝，你的鼓勵帶給我很大的勇氣。」

「這不是我的成果。」↓「謝謝你注意到我的表現。」

「沒有啦，只是運氣好。」↓「謝謝你的稱讚，我很高興。」

「讓你有這樣的感覺，真是太榮幸了。」

我試著非常高興地感謝他們！

第四章

讓聊天能力更上一層樓的話術

交談更熱烈！精選七大必殺技巧

相信各位看了前面的內容已經了解，聊天的重點在於「提問能力」和「傾聽能力」。

「提問能力」和「傾聽能力」佔了聊天能力的九成，但既然已經分享了「聊天術」的基本技巧，那就更深入介紹一下**應用技巧**。

這些技巧都可以現學現用，讓聊天能力立刻進階兩個等級。

學習這些行家不外傳的秘技，讓自己馬上長出「聊天肌」。

技巧25

回答時「多說一句」，避免尬聊不冷場

只要在回答時多說一句話，就可以輕鬆聊起來！

很多人在聊天時都覺得「不知道接下來該聊什麼！」、「我難以忍受那份沉默！」

第一章所介紹的「『Wh』疑問句」就可以填補這種空白，但還有另一個訣竅，可以讓彼此聊天更愉快。

那就是在回答時「多說一句」。

「句點別人」會讓談話陷入僵局

這是我在美國時學到的一件事，那就是**「在對方問第一個問題時，不要用一句話句點別人」**。

比方說——

「How are you？」

「I am great. Thank you.」

這樣的回答，根本不可能聊得起來。

「你好嗎？」

「我很好。（沉默）」

這樣句點別人，會讓談話陷入僵局。

當別人發問時，不要只是冷冷地簡短回一句話，而是多說一句增加趣味，或是分享值得一聽的消息，開啟新的話題。

只要結合有助於激發對方興趣的話題和消息，就可以順利聊起來。

A：「天氣變暖和了。」

B：「是啊。」**（不劃下句點）**

＋

「聽說附近◯◯公園的梅花已經盛開了。」

或

「希望疫情也趕快平息下來。」

或

「這個季節很適合散步，你知道哪裡有適合散步的地方嗎？」

像這樣「多說一句」，就可以繼續聊不停。

技巧26 短短一句「因為……」，説服力瞬間爆表

禁止濫用！「因爲……」的驚人力量。

人類很喜歡問「為什麼？」。

看到電視上在報導刑事案件，你的腦海中是否會很自然地浮現以下的疑問？

「這個兇手為什麼會犯下這種罪……」

人類是想要追究「Why」的動物。

我們會經常忍不住問：

「為什麼會做那種蠢事？」

「你為什麼這麼做？」

只要在說話時補充說明「因為……」，說服力就大增

反過來說，**只要在想表達的意見後面加一句「因為……」，無論說話的內容是什麼，會意外具有說服力**。

以下A和B兩種說話方式，哪一種更能夠打動人？

A：「我要增加零用錢。」

B：「可以多給我一些零用錢嗎？我這個月要參加三場婚禮。」

A：「你來幫一下忙。」

B：「你可以幫忙一下嗎？三十分鐘後，客人就要來了。」

A：「這款商品很推薦。」

B：「這款商品很推薦，是知名設計師推出的限量商品，只有一百件。」

無論任何理由，只要補充說明理由，說服力瞬間爆表。

禁止濫用！即使理由很扯，「因為……」也照樣有效

哈佛大學的心理學教授艾倫．簡．蘭格曾經做過一項有趣的實驗。她在實驗中用三種不同的說法，要求「先讓我影印五頁的內容」，驗證哪一種方法最有效。

①「不好意思，我有五頁內容要影印，請讓我先影印。」

②「不好意思，我有五頁內容要影印，因為我在趕時間，請讓我先影印。」

③「不好意思，我有五頁內容要影印。因為我必須影印，請讓我先影印。」

用這三種不同的說法時，成功說服他人讓自己先影印的機率分別是「①百分之六十」、「②百分之九十四」、「③百分之九十三」。

從實驗結果發現，向別人說明「我在趕時間」這個「理由」時，可以優先影印的機率大為上升。

但是，請仔細看一下③。

「因為我必須影印」根本是胡扯的理由。

但由於使用「因為……」的句型說明了理由，所以發揮了和②相同的效果。

無論是任何主張，只要附加說明「因為……」、「基於……理由」，說服力就會戲劇化上升。

技巧27 「故事」人人愛

任何人都可以說出扣人心弦的故事！

在第一章中也稍微提到，我除了擔任企業大老闆和高階經理人的私人教練，**也經常指導政治人物的表達能力**。

政治人物在選舉期間，經常需要站在街頭演說，或是在各種不同的場合演講，我以為他們都很能言善辯，但其實接觸過不少政治人物，聽了他們說話後，我覺得「也未免太慘了」。

最讓人昏倒的就是有些人會一臉無趣的表情，淡淡地向大眾說明枯燥乏味的政策，或是大聲咆哮自己的主張。

政策的確很重要，但是滿口外交、新冠疫情、醫療、年金，滔滔不絕，沒完沒了，任何人聽了都會打呵欠。

向政治人物推薦的「兩大說話建議」——想要說什麼樣的故事？

我都會向政治人物建議，不要滔滔不絕地說那些枯燥的政策，**必須集中焦點，同時要「說故事」**。

所謂「故事」，簡單地說，**就是經過編排，能夠吸引他人興趣，讓人樂在其中的話**。

資料、數字和抽象的話，通常無法打動人心。

但是，人在聽故事時，可以讓人興奮、心跳加速的腎上腺素、讓人安心的催產素等腦內荷爾蒙分泌就會變得活潑，就像坐雲霄飛車般，感情受到刺激。

簡直就像進入故事主角的感情世界，體驗臉紅心跳、緊張刺激，和傷心、驚訝產生共鳴。

專欄

人類史上最有名的故事

請各位回想一下人類史上，有最多人閱讀的書籍，基督教的《聖經》和佛教的教義。

有一位弟兄，做了這樣的事，後來變成了這樣；一名貧窮的女人說了這樣的話，然後別人又對她說了什麼。《聖經》和佛教的教義中都有關於「某個人」的故事。

從某種意義上來說，《新約聖經》是描寫了耶穌基督一生的探險巨著，佛教的說法也可以說是用釋迦牟尼等主角克服苦惱和苦難的許多故事，介紹了佛祖的故事。

如果一味用「不可○○」或是「必須○○」這種硬邦邦的方式說教，這些宗教書籍不可能流傳數千年。

伊索寓言、格林童話和迪士尼電影，都是以人類或是擬人化的動物做為主角，才能夠讓人充分陶醉在童話的世界中。

清楚看到主角的 Before 和 After 的故事最迷人

故事具有駭進聽眾大腦的效果。研究顯示，「故事可以讓說故事的人和聽故事的人腦波同步」。

正因為如此，故事才能夠讓人一下子就進入故事的世界，而且印象深刻。

尤其是那些挑戰困難或難題，讓主角有了體會或是領悟，或是獲得成長和變化的故事，最能夠被人接受。

能夠清楚看到主角的 Before 和 After 的故事最迷人。

(Before) 我以前很怕生，個性膽小，又不擅言詞。
(After) 我去紐約學習如何「溝通交流」後，終於突破了自我。
(領悟) 我終於發現，任何人無論活到幾歲，都可以磨練溝通能力。

每個人都有一、兩個這種值得分享的故事。

小花絮

也有些政治人物是說故事高手。

某位女性政治家在演講上栩栩如生地分享了她小時候，為年幼的弟弟換尿布，照顧弟弟，以及回老家照顧年邁的父母時，為倒垃圾傷腦筋的事。

在她之前說明政策時，聽眾差點要打瞌睡，聽到她開始說故事，都忍不住探出身體。這一幕令我印象深刻。

我在那一刻親身體會到，充滿人情味的故事，比滔滔不絕地說明政策吸引人一百倍，也更能夠吸引聽眾。

即使不是什麼驚天動地的故事也沒有關係。

不要一直說一些嚴肅的話題，要巧妙結合這種類型小故事。

在說話時不時透露「真實的自己」、「很有人情味的自己」，或是自己的失敗經驗，往往比成功經驗，**尤其是毫不掩飾的「掏心話」，更能夠吸引聽眾**。

渡邊恆雄社長在入職典禮上的致詞令我嚇破膽

說到說故事，有一件事令我留下深刻印象。

那是一九九一年，我在讀賣新聞的入職典禮上，聽到時任社長的渡邊恆雄先生的致詞內容。

恭喜各位進入讀賣新聞社。

告訴各位一件事，我七年後就會死去。
我已經把我葬禮上要放的音樂錄音帶交給秘書了。

因為這番話太令人震撼，我當時嚇出一身冷汗。

三十年之後，偶然看到渡邊恆雄前社長在電視節目中，記者參觀他放在自己書房抽屜中的「錄音帶」那一幕。

就是那盒錄音帶。

他深有感慨地說，那盒錄音帶是「上戰場的前一天晚上，做好了赴死的準備，和戰友一起聽的歌曲」。

也許在入職典禮上，他也曾經提到這件事。只是我一直搞不懂他當年為什麼會說這件事，相隔三十年，多年的謎底才終於揭曉。

經過數十年，仍然深深烙在腦海中的「故事」威力太強大了。

技巧28

「邏輯」贏不了「感情」

思考「對方會留下什麼樣的感情」

故事的最大魅力，在於能夠緊緊抓住對方的感情。

「感情」勝於「邏輯」是溝通的關鍵

在溝通和交流時，**能夠策動他人的並非「（自己）說了什麼」的「邏輯」，而是「（讓對方）產生了什麼樣的心情」的「感情」**。

據說每個人一天要作三萬五千個決定，其實人類並不是根據合理性或是邏輯性作出決定，而是憑感情作決定。

當內心產生壓力或是恐懼等強烈的負面感情，就會支配整個大腦，理性無法發揮作用，發生名為**「杏仁核劫持」**的現象。

感情會「傳染」給他人

感情和邏輯不同，會「傳染」給其他人。

看到嬰兒的笑容，大家會不由得高興起來；看到別人生氣，自己也會產生相同的感情。

網路那些會造成他人恐懼或憤怒的新聞，會在短時間內迅速擴散，就可以清楚發現，「感情」具有驚人的「傳染效果」。

也就是說，**人類是「感情的奴隸」**。

即使準備了充分的證據和數據資料，有條不紊地加以說明，如果無法打動對方的「感情」，就無法說服對方，當然也無法策動對方。

在交流中，比起邏輯，感情會占壓倒性優勢。

因此，在說話時不妨思考**「對方會產生什麼樣的感情」**。

快樂、開心、感動、有趣、驚人、驚訝、溫暖、療癒……

是否能夠激發對方內心產生這些正面的感情，決定了是否能夠成為「聊天高手」。

技巧29 「三種悄悄話」，緊緊抓住聽眾的心

聽到「某某人如何如何」、「你不要告訴別人」、「不瞞你說」，就會豎起耳朵！

人都很喜歡聊別人的事。

「我告訴你，某某人其實如何如何。」

「聽說某某某最近做了什麼什麼。」

只要聽到認識的人的名字，大家就會情不自禁豎起耳朵，探出身體問：

「啊？什麼事？什麼事？」

沒錯，大家都愛八卦傳聞。

大家熱中八卦傳聞的理由

為什麼大家這麼愛八卦？

令人驚訝的是，有很多關於這方面的學術研究。

概括總結後，發現人類是基於以下的理由熱中八卦。

- 每個人一天平均會聊五十二分鐘的八卦傳聞。
- 從人類學的角度來說，八卦傳聞發揮了讓重要的信息廣泛傳播的作用。
- 八卦傳聞可以讓人了解社會能夠接受哪些行為，不接受哪些行為。
- 聽八卦傳聞，可以活潑大腦思考。
- 看到或聽到別人的不正當行為或是錯誤行為，心率就會加快。如果能夠告訴別人，心率就會降低，心情也跟著平靜。
- 八卦傳聞可以療癒孤獨，拉近和別人之間的距離，作為一種娛樂。

我很驚訝，關於「八卦傳聞」竟然有這麼多學術研究，可見八卦傳聞在人類的社會活動中所扮演的重要角色。

英國知名的人類學家羅賓．鄧巴教授說：

就像猴子會相互梳毛抓蝨子，八卦傳聞是人類拉近彼此距離的有力手段。

「不瞞你說」、「你不要告訴別人」是無敵強的關鍵字

熱中八卦的人類只要聽到「三句悄悄話」，就會忍不住豎起耳朵。

「某某人如何如何」
「你不要告訴別人」
「不瞞你說」

「上次，某某首相……」
「不瞞你們說，某某大臣其實……」

政治人物在演講時，不時提到以上的內容，聽眾都會聽得津津有味。

所以我都會向那些政治人物建議，**在說話時也要記得說「不瞞你說」、「你不要說出去」這些關鍵字**。

因為聽眾聽到這幾句話，就會覺得聽到了「只告訴自己的八卦」。

雖然負面的八卦傳聞要適可而止，但**適度的八卦可以成為人際關係的調味劑**。

技巧30
用「令人耳目一新的表達方式」讓聽眾豎起耳朵
向比喻高手取經！

我當報社記者十年，又做了九年公關顧問後自立門戶，成為「各界領導者的教練」至今，已經累積了八年的經驗。

至今為止的過程中，我接觸了超過三千名大老闆、董事、高階經理人，發現優秀的領導者都具有**卓越的語言能力**。

從令人印象深刻的領導者口中聽到「從未聽過的表達方式」

軟銀集團的孫正義總裁兼社長、日本電產的永守重信總裁、京瓷的創辦人稻盛和夫先生，他們渾身都散發出普通的經營者望塵莫及的「威嚴」、「氣場」和「能量」，說的話也都擲地有聲。

優秀經營者的特徵之一，**就是經常會說一些讓人忍不住豎起耳朵、「令人耳目一新的表達方式」**。

他們會運用別人從未聽過的表達方式，充分刺激聽眾的大腦。

比方說，以下這些金句出自孫正義總裁之口。

「要用力想破腦袋。」

「因為只看近處，所以會暈船。如果看向一百公里的前方，風景就絕對不會晃動。只要有願景，就不會輸給眼前的暴風雨。」

「決定要爬什麼山，人生就決定了一半。」

孫正義總裁說了很多令人耳目一新的比喻，任何人只要一聽到，就會很有畫面。

如果只是用「努力思考」、「展望未來」這種陳腔濫調，根本不會有記憶點。

世界級大亨都是說話很有畫面感的比喻高手

美國股神華倫．巴菲特也是比喻高手。

「投資的祕訣就是看準球，把握進入甜蜜點的瞬間。」

「機會並不會整天都出現，所以，天下黃金雨時，不要用頂針，而是要用大水桶接。」

創立特斯拉和 Space X，以及收購推特而受到矚目的伊隆．馬斯克直截了當、語不驚人死不休的言行，也經常成為輿論的焦點。

「創立公司就像烤蛋糕，加入所有的材料的比例都必須正確。」
「創業家就是嚼著玻璃，凝望死亡的深淵。」

世界級的大亨真的很懂得巧妙運用「有畫面感的比喻」。

秘訣就在於「運用不同領域的詞彙」

請各位讀者也思考一下，**在說話時如何避免陳腔濫調**，是否能夠轉換為令人耳目一新，也就是**「任何人都缺乏免疫的詞彙」**。

秘密小花絮

我經常借用日本私人健身中心「RIZAP」的名字，形容自己是「說話界的 **RIZAP**」。

「我是充分訓練各位溝通肌的私人教練，保證見效！」

學員每次聽到我這麼說，都表示「一聽就懂」。

在此要向「RIZAP」說聲對不起，因為我擅自借用了他們的招牌。

轉換的秘訣，就是根據「想要比喻」的事情的形狀和特徵，好像在玩聯想遊戲一樣，不斷聯想相符的詞彙，**關鍵在於要使用「不同領域的詞彙」**。

如果只是聯想到一些字典上可以找到的詞彙，例如「冷得像冰塊一樣」、「像鮮血一樣紅」，別人聽了之後也只會覺得「喔」，根本不會有語驚四座的感覺。

根據研究顯示，「皮膚摸起來像洗爛的抹布般粗糙」的比喻，可以在聽眾腦內喚醒身體的感覺，好像實際觸摸過。

「比喻」是為沒有聲音的黑白影像，增加聲音和顏色，瞬間刺激大腦，是最強的語言武器。

某大型牛丼連鎖店高層的不當言論，之所以會被炎上，就是因為比喻太生動、太強烈，所以比喻千萬不要用錯地方。

專欄

中田敦彥的比喻能力無與倫比

比喻的妙處，就在於其中的趣味會讓人聽了忍不住拍案叫絕。

諧星最擅長這件事。

諧星中田敦彥在他熱門頻道「中田敦彥的 YouTube 大學」中，介紹了我的上一本著書《最高說話術》。

他在影片中，盡情運用了各種吸引觀眾的技巧，尤其是他卓越的比喻能力，最令我印象深刻。

・哪是什麼「像鋼鐵般堅強的意志」，而是意志剛硬得像鄉下阿嬤給我的仙貝。

・視線不是撒網。（不是冷冷地看向四周就好）

・交談就像是搗年糕。（在交談時不確認對方的反應，就自顧自地說下去，就像是在搗年糕時，沒有確認一起搗年糕的人把餅推過來，就掄起木杵亂搗一通。）

・聊天要呼應和對方揮動木杵的節奏，必須等待對方的反應。

・發射資訊的子彈，不能像機關槍一樣閉著眼睛亂掃。

他的比喻是不是超生動？眞的太佩服了。

技巧31

盡可能減少「習字帖上的口號語言」

爲老闆的演說稿改稿……煥然一新！

我的學員五花八門，從赫赫有名的大企業老闆、高階主管，到如旭日東升之勢成長的新創事業ＣＥＯ，**靠自己白手起家的創業者分享自己的經驗都很引人入勝**。

但是，有不少創業老闆雖然成就輝煌，卻「不知道怎麼表達」。

抽象的話語無法打動人心……

有一位精密機器製造商的社長，我和他第一次見面時曾經問他：「貴公司的強項是什麼？」社長回答說：「是高度的技術能力。」

日本的老闆說話時都很喜歡用這種抽象的詞彙。

「綜合力」、「成長性」、「執行力」、「以身作則」、「革新」、「挑戰」……

這種好像學校習字課上練字用的「口號語言」早就過時了，無法打動聽眾的心。

我們完全無法從「意志堅強」、「永續性」、「SDGs（聯合國永續發展目標）」這些字眼中感受到那家公司或是那個人到底有什麼特徵，這種老掉牙的話無法打動人心。

減少使用「口號語言」，演說頓時有了色彩——為老闆的演說稿改稿，結果煥然一新！

我經常為老闆的演說稿改稿，在改稿時，**我都會盡可能刪除演說稿中的「口號語言」**。

我在向那位老闆了解他公司的情況後，建議改成以下的內容。

本公司的產品每秒要旋轉◯◯萬次，這麼精密的機器，最重要的就是「防震」。
本公司的最大優點，就和我們的產品一樣力求穩紮穩打，持續挖掘客戶的需求，在這一點上精益求精，在△△業界站穩腳步。

使用比喻，結合故事，融入具體的內容。曾經有人形容，經過這樣修改後的演講稿，**「立刻有了色彩」**。

從「黑白」到「彩色」，進而有「4K」的超高清晰度。各位讀者說話時，也要努力提升清晰度！

第五章

運用九大技巧，即使不擅長聊天、交談的人，也可以自信百倍

打造「宇宙無敵強的心理素質」

掌握「聊天」的基本技巧後，接下來要介紹**如何打造強大的心理素質，能夠落落大方地在眾人面前說話**。

即使掌握再多技巧，如果沒有勇氣和膽量面對他人，就無法發揮效果。

不瞞各位，**這一章中有大量我真正想要向各位傳授的方法**。

不敢在陌生人面前說話。在眾人面前說話時會緊張，會怯場。個性害羞，內向……

日本有太多人為這些問題煩惱，所以我強烈希望可以「幫助大家擺脫這種苦惱！」

我在這一章中準備了各種「必勝絕招」，無論是害羞的人，還是沒有自信的人，都可以運用這些武器，從容地在「人生」這場遊戲中贏得勝利。

只要掌握這些武器，必定可以勇氣百倍，自信千倍，**和別人聊天也會變得很輕鬆，很簡單**。

接下來，不妨把自己當成是冒險遊戲的玩家進行挑戰！Let's go！

技巧32

你是否整天看著眼前的「鏡子」？

這就是內向害羞的人的共同點！

現在我無論在很多人面前說話，或是面對財經界大老時，都可以泰然自若地說話，但以前我在面對別人時很容易緊張。

因為我在學生時代，超討厭自己的長相，完全沒有自信。

在大學一年級時，我寫了一封名為「醜女的悲劇」的信給自己，那封信的第一句話就是「我很醜，這是無須爭辯的事實」，洋洋灑灑地寫了一大篇自己多麼醜，多麼可憐的內容。

雖然我是這種「個性彆扭的害羞人」，但因為喜歡文字，所以在大學畢業後，成為報社記者。

在工作上採訪別人時，我向來不會有任何猶豫，但在私生活中和不認識的人說話，或是在很多人面前發言，就會感到不知所措。

八年前，去美國學習溝通後，終於改變了這種現象。

「你一直在看鏡子」

「我想要改變自己怕生、內向的個性！」

一到美國，我立刻前往大學的研究機構「**害羞研究所**（Shyness research institute）」。

我問高大的大學教授：「要怎麼克服害羞？」他一開口就說：

「妳的面前有一面『鏡子』，妳一直都看著那面鏡子。」

他認為，**「害羞的人太在意『別人怎麼看我？』，在意別人的視線，一**

直看著眼前『鏡子』中的自己」。

所以，明明眼前有聽眾，卻完全不顧對方，只在意自己看起來是什麼樣子，是「自戀者」。

「我只是害羞，為什麼被說成是自戀？」

雖然我感到納悶，但那時候我第一次發現，自己的確整天在意「別人怎麼看我，別人眼中的我是什麼樣」，簡直就像白雪公主的後母，只看到鏡子中的自己。

技巧33
把意識的「箭」朝向對方

重要的不是「對方怎麼看自己」，而是「自己怎麼看對方」

經營者中，也有不少人很害羞。

比方說，我有一名學員是年度營業額好幾千億圓的大企業老闆，但在向老主顧做簡報之前，從排練的時候就開始緊張，聽眾完全聽不到他的聲音。

別人是對牆練球，他好像在對牆說話，**根本像在自言自語**。

這種簡報完全不可能打動聽眾。

我以前也一樣，面對別人會感到緊張的人，會受到名為「眼前的『鏡子』中自己的視線」和「對方或聽眾的視線」的「箭」的攻擊，所以感到畏縮。

於是我就建議這些學員，**「把意識的『箭』反轉，射向對方。」**

聚光燈不是照在自己身上，而是照在談話對象身上

想像一下打躲避球。

站在舞台上的自己，承受著來自四面八方的球。

把「箭」反轉，就是由你把球丟向談話對象或是聽眾。

前面提到的研究所教授告訴我，**「意識不要停留在『鏡子』中的自己身上，而是要徹底朝向對方。」**

聚光燈不是照在自己身上，而是照在對方身上。

自己不是被照明照亮的人，**而是成為「發光體」，照在對方身上。**

「對方怎麼看自己」並不重要，重要的是，「自己怎麼看對方」。

這種轉念，完全改變了我的思考。

「說話時，要把球丟向每一位聽眾」

不要整天想著「別人怎麼看我」、「如何才能讓自己看起來更出色」。**而是要改變興趣的箭的方向，轉一百八十度，從「自己」轉到「對方」身上**。

「我想知道這個人（說話對象）是什麼樣的人」、「我想和他說話」。在說話的時候，要把球丟向每一位聽眾。

我也把這種「逆轉思考」分享給那位容易緊張的老闆，並持續指導他。最後，他的簡報非常成功，連坐在會場最後的聽眾都感受到他的誠意。

美國前總統柯林頓被問到成功的秘訣時這麼回答。

「目中有人」很重要。

為你開門的人，為你倒咖啡的……

要看見他們的存在，向他們表達敬意。

不知道各位讀者有沒有認真看對方？
還是整天都看著「鏡子」中的自己？
、

技巧34
「跳脫自我」是建立自信的簡單秘訣

只要遠離「自我」，就可以產生幸福感！

最近經常聽到「做自己」、「活出自我」之類的話。

但我總覺得這些話反而變成一種束縛，逼迫自己「必須活出自己的樣子」、「我必須和別人不一樣……」

男人味、女人味。強調自我的特色，是否已經成為一種制約的「框架」？

社群媒體的推波助瀾，有越來越多人希望成為眾人矚目的焦點。

我認為這是**「自我至上主義」的蔓延**。

有一項調查顯示，「日本年輕人的自尊心很低」。

在這項以高中生為對象進行的調查中，美國有百分之八十八點五的學生回答「我具備不輸給別人的能力」，中國有百分之九十點六，日本只有百分之五十五點七。

在自尊心和自信的問題上，即使自己想要提升，或是告訴自己「我很厲害」、「我能夠做到」，也無法順利提升。

另一項研究發現「自我聚焦，也就是只聚焦在自己的內心，自我意識就會膨脹，會導致『我這樣沒問題嗎？』、『我太爛了』的負面情緒增加」。

意識是不是太集中在「我（I）」身上？

據說有憂鬱傾向的人最常說的字眼就是「我（I）」。

「我能做到嗎？」、「我很醜」、「我是個沒有價值的人」……

當意識集中在「自己」身上，就無法看到周圍。

其實，**建立自信的祕訣，就在於避免意識過度集中在「自己」身上**。

讓意識離開自己，朝向外面的世界，觀察周圍的人和大自然，就可以擺脫「別人都在看我」的束縛感。

遠離「自我」，才能產生幸福感

「覺察」這個概念，經常被解釋為「注視自己的內在」，但其實是**「關注周圍的聲音，風的聲音、海浪的聲音，自己以外的事物，消除自己和他人、外界的界線，融入其中」**。

離開「自我」，「為了某個人」、「為了某件事」，將視線看向外面的世界，廢寢忘食地投入某件事時，人就會感到幸福。

對外在的人、事、物產生興趣，想要「好好對待別人、為別人做點什麼」，比獨自焦慮「我必須建立自信」，更能夠有效提升自我肯定。

「You can make more friends in two months by becoming interested in other people than you can in two years by trying to get other people interested in you.」

（花兩個月的時間對他人產生興趣，所結交到的朋友，絕對比你花兩年的時間讓別人對你產生興趣所結交的朋友更多。）

溝通大師戴爾．卡內基的這句話完全道出了精髓。

專欄

最強的聊天大師……？

在我至今為止所認識的人中，我心目中的**「最強聊天大師」**，就是也**很愛看卡內基著作的牛郎界帝王羅蘭**。

我曾經受邀去他主演的網路節目，在以「溝通」為主題的那一集擔任來賓。

和他一見面，**看到他深深鞠躬、彬彬有禮的態度**，我大吃一驚。

更令人驚訝的是，在和他談話過程中，他說了很多道出溝通本質的金句，和令人驚豔的比喻。

像是「熱情很重要」、「和別人見面時，必須露出是平時的一點五倍的高興表情」、「對他人產生興趣，找機會提問」、「不要只有一個人說話，你來我往很重要」、「刻意暴露自己的弱點」。

我徹底被他的洞察力打敗，但最令我印象深刻的是他強大的聊天能力。

我曾經有機會去參加電視節目的錄影，有不少主持人和藝人在鏡頭外都很沉默。

但是，羅蘭在節目開始之前，也一直和女主持人聊個不停。

「我討厭吃香菜、香橙和辣的食物……」

他還說「我太喜歡說話了」。

基本上，羅蘭很喜歡別人。雖然他看起來是極端的自戀狂，**但他是在好好愛自己的基礎上，把滿滿的愛分給周圍的人**。

他具有強大的能量，照亮別人，為別人帶來活力，帶給別人快樂。

我被他的巨大能量和氣場深深吸引。

技巧35
戴上「興趣眼鏡」，看到的世界就會發生戲劇化的改變

什麼是「人際關係科學」的兩大真理？

「把意識和興趣轉移到對方身上。」

即使了解這個道理，仍然知易行難。

因為我們會不自覺地想像「別人一定討厭我……」。

人總是以為自己是他人關注的焦點，太在意自己，以為「很多人都看到自己的缺點和犯的錯」，這在心理學上稱為**「聚光燈效應」**。

什麼是以「人際關係科學」為根據的「兩大好感的真理」？

我以前也整天只看到自己的缺點，覺得別人「一定不想和我說話」，然後感到很沮喪。

但是，我在美國時學到了**以「人際關係科學」為根據的「兩大好感的真理」**，發現以前的自己大錯特錯。

好感的眞理①——其實別人非但不討厭我，而且還很喜歡我。

第一個真理，就是**「其實別人非但不討厭我，而且還很喜歡我」**。

這是被稱為「喜歡差距（liking gap）」的現象，**「人總是會低估自己在別人眼中的討喜程度」**。

事實證明，我們並不像自己以為的那樣被人討厭，而且比想像中更討喜。

好感的眞理②——主動喜歡對方，對方也會喜歡你。

另一個真理，就是**「主動喜歡對方，對方也會喜歡你」**。

如果對方討厭自己，和這樣的人說話就會緊張，心情也會很差，但和喜歡自己的人在一起，聊天就很輕鬆，不會感到緊張。相信大家都曾經有過這樣的經驗。

人隨時都在判斷對方是「敵人還是朋友」，當對方對自己表現出善意，就會認為對方是朋友，也容易產生好感。

也就是說，**我們對喜歡自己的人，會本能地產生好印象**。

這在心理學上稱為「**相互性喜歡**（Reciprocal liking）」。

重點在於不要對某個特定人物，而是對所有人展現善意

總結以上的內容可以發現，**其實自己比想像中更討喜，而且只要自己表**

現出好感，對方很有可能也會對自己有好感。

可能有人說，「不不不，我對喜歡的女生或是男生表現出好感，結果對方覺得我很噁心。」

當然不能執著地對某個人表現好感。

重點在於並不是針對特定的某一個人，而是公平地對所有人產生興趣。

也就是說，**不是只對一小部分的「某些人」而已，而是盡可能對很多人展現善意，親切待人**。

用虛擬的「興趣眼鏡」，持續產生興趣

我了解「好感的真理」後，決定自己先主動喜歡對方。

這種時候，**虛擬的「興趣眼鏡」**就可以發揮作用。

只要戴上這副眼鏡，對方的缺點就會消失，只看到對方的優點，同時，**會對那個人產生極大的興趣**。

可以在內心悄悄戴上「興趣眼鏡」，然後觀察對方。

於是就會覺得這個人「溫柔體貼、風趣幽默」、「不知道他是什麼樣的人？」、「我來問他看看」，產生良性循環。

然後就會發現，**對方的態度變得格外親切，而且也對自己產生善意**。

小花絮

將興趣集中在對方身上，就可以消除緊張。

直到最近才發現，以前在報社當記者時，就體會過這樣的經驗。

每次在記者會上發問，就會格外緊張，但在一對一採訪時，幾乎都不會感到緊張。

原本以為是因為戴上了「報社記者」的面具，所以生性害羞的自己也不感到緊張，後來才知道，原來是在採訪時，將興趣集中在對方身上，把聚光燈打在對方身上。

就像棒球比賽的賽後英雄訪問一樣，聚焦在對方身上時，就不再在意別人是否在看自己了。

與其等待「對方對自己感興趣」、「對方喜歡自己」，不妨主動對對方產生興趣，喜歡對方。

只要這樣**簡單地「切換開關」，溝通交流就會發生戲劇性的變化。**

技巧36 了解「主動開口是為對方著想」

主動開口是幫助別人！爲了對方，請主動開口！

我在美國學習溝通時，向一位被媒體稱為「天才人脈高手」的人物拜師，學習建立人脈的秘密。

小花絮

曼哈頓的高級公寓。

他在自己家中舉辦了邀集眾多名人參加的派對，積極拓展人脈。他告訴我：

「其實很多人都想找人說話。」

「所以妳要主動和別人說話。」

事實上，我在那次的派對上試了之後，發現的確有很多人都在等待別人主動找他們說話，然後很熱情地回應。

那一次，我強烈體會到——

「主動開口是為對方著想」。

告訴自己「主動開口是為對方著想」

經常有人問我：

「主動開口和別人說話，會不會造成對方的困擾？」

我告訴他們：

「在派對、會議或是聚會等溝通交流為目的的場合，只要不是為了推銷商品等個人私欲，絕對不會造成對方的困擾，反而是為對方著想。」

只要貫徹**「不是強迫對方聽自己說話，而是努力傾聽對方說話」**的態度，幾乎不會惹對方討厭。

自己跨出「第一步」

首先，要由自己跨出第一步。

但是，如果對方並不接受，就不能繼續打擾，而是要識趣地立刻「閃人」。

排除障礙，就可以輕鬆和任何人交談。只要具備這種「忍術」，即使遭到一、兩個，兩、三個冷漠討厭的人，也不會放在心上。

因為除了這幾個人，還有好幾千萬內心溫暖的人。

完全不需要害怕自己被人討厭。

技巧37

利用「母熊效應」，放膽去做！

只要認爲是「爲別人著想」，勇氣就會增加百倍！

即使是同樣的話，有些人說就沒問題，但有些人說了就會出問題。

有些人明明沒說什麼金玉良言，別人卻覺得好像說了什麼至理名言，但有些人無論找誰說話，都會被嫌棄。

一個人所具備的顯著特徵，決定了別人對他的評價，這稱為「光環效應」。

什麼是「光環效應」和「弱勢雙重束縛」？

擁有外表出色、高學歷、有錢、有名氣等這些顯著特徵的人，都好像自帶光環，令人刮目相看。

我沒錢沒勢，貌不驚人，也沒自信，看到那些並沒有實力，卻能夠落落大方表達自己意見的人，整天都在思考「如何能夠讓別人重視我的意見」。

在某次的TED演講中，哥倫比亞大學商學院的社會心理學教授亞當·賈林斯基說了以下這段話。

一個人擁有的權勢越大，言行能夠被他人接受的範圍也越大；權勢越小，言行被他人接受的範圍也越小。

也就是說，有錢有勢的人，無論說什麼都會被原諒。

但是，弱勢的人如果不表達任何意見，就會遭到無視；即使鼓起勇氣表達了意見，也會遭到批評、遭到懲罰。

亞當·賈林斯基稱這種現象為「**弱勢雙重束縛**」。

利用「母熊效應」

包括我在內的弱勢族群，到底該怎麼辦？

亞當．賈林斯基提倡，可以藉由**「成為母熊」**，提升自己的勢力。

如同母熊保護小熊，**人在「為別人」發聲時，就可以擴大自己的言行被眾人接受的範圍，比「為自己」發聲時，更能夠充滿自信地表達意見。**

亞當．賈林斯基認為必須充分利用這種**「母熊效應」**。

當自己表達意見時，有時候會覺得「好像很愛出風頭，不喜歡這種感覺」，或是「不希望別人覺得我是在為自己爭取利益」。

但是，如果是「為公司」、「為朋友」、「為地方」、「為社會」、「為學校」、「為客人」、「為孩子」等**為了別人的利益，就會有勇氣表達意見。**

當不是「為了自己」，而是有「為了別人」、「為了某件事」的意識，

人就會更堅強，更能夠大膽地溝通。

我在學習會上分享了這件事，許多女性都很有共鳴，紛紛表示「這樣的話，我或許也能做到」，她們雖然都不愛出風頭，但如果是「為了別人」、「為了某件事」，就能夠激發勇氣。

這就是**「母熊效應」**。

找到自己的「小熊」

「為了〇〇」。就是**只要能夠找到說話的藉口、目的或是任務，也就是找到自己的「小熊」，溝通交流就會變得更容易**。

比方說，在眾人面前說話，或是在談生意時，可以用以下的方式自我激勵。

「這是讓大家了解我們公司率先進行的嘗試，是為了改變社會。」
「這是為了給年輕女性帶來更多勇氣。」

「我想在部落格上介紹好吃的麵包店。」
「我正在為公司的企劃調查這件事。」
「我朋友因為這件事很傷腦筋。」

想主動和別人說話時，應該很容易找到這種藉口，或是小任務。

除此之外，以下這類的小藉口也很理想。

「我發現了超好吃的布丁，想和你分享。」
「我買了伴手禮，想寄給你。」

各位是否想要尋找自己的「小熊」（任務）？

小花絮

回想起來，我以前在報社或是公關公司工作時，只要覺得是「為了工作」，就可以和陌生人聊天，也能夠稍微「厚臉皮」。

現在我也不時用「我在採訪」作為藉口，主動和別人說話。

「我從事溝通交流的研究工作，目前正在做實驗，研究如果用這種方式主動攀談，別人會如何回答。」

我會編造出假理由，主動和別人攀談。

「說話術是『人生最強的武器』」，我正在協助很多人獲得這種武器。

這種強烈的使命感，讓我變得更加堅強。

技巧38

「自己＝傳達訊息的靈媒」

只要變成「另一個人格」，即使在別人面前也不會緊張！

除此以外，我還會使用「附身」的方法，讓自己的舉手投足充滿自信。想要向對方傳達某件事或是某些想法時，假裝說話的人不是「我」，而是「分身」。

「角色扮演」成另一個人格

其實很多演員都使用這種方法。

我之前住在紐約時，經常去看百老匯的音樂劇和舞台劇，想了解吸引聽眾和觀眾的表演到底有什麼秘密，同時想要從中獲得啟發，成為自己言行的參考。

在某齣舞台劇中擔任主角的演員布萊德利．庫柏在接受採訪時，曾經這麼說。

在開演之前排練時，角色會突然從天而降，降臨到我身上。

很多演員在私下很不擅長表達，或是很怕生，但是當他們附身在「角色」身上，達到「忘我」的境界時，就能夠完成最出色的表演。

秘密小花絮

我在演講之前，都會打開「開關」，轉換角色後才走上講台。

雖然岡本純子本人很排斥「很有自信」地在眾人面前「大放厥詞」的情境，但是只要認為自己只是傳達信息的「靈媒」，心情就頓時變得很輕鬆。

這種感覺，就像是「戴上假面具」、「角色扮演」，或是「穿上人偶裝」。

如此一來，就能夠擺脫自我意識，能夠更自在地投入「角色」。

這種「自我欺騙術」也可以運用在和陌生人聊天，或是簡報的場合。

想要傳達的信息和想法才是主角。

自己只是用最出色的表演方式，傳達這些信息和想法的傳聲筒。

這不就是「靈媒」嗎？

技巧39
吟誦「正向魔法咒語」
注意那些開口閉口就是「負面語言」的人！

俗話說，「吃什麼米，決定了他是什麼樣的人」，我認為**「一個人說的話，決定了他是什麼樣的人」**。

「我做不到」、「我很醜」、「我討厭某某人」……

如果有人整天說這種負面的話，就必須提高警覺。

你身邊有沒有這種開口閉口就是「負面語言」的人？

研究證實——**「你說的話，決定了別人對你的印象」**。

這是名為「自發特質移情（Spontaneous trait transference）」的心理學現象，

比方說，**當你在說某個人「個性很差」、「討厭」時，聽到這些話的人，就會對「你」產生這樣的印象。**

所以，**「經常批評別人的人」，在別人眼中就很負面，「經常稱讚別人」，就可以在別人心目中建立正面的形象。**

你說的話不僅影響別人對你的印象，也會對你自己的精神狀態造成很大的影響。

用核磁共振觀察大腦的活動後發現，只是短暫看到「NO」這個字，大腦就會分泌壓力荷爾蒙，讓人心情不愉快。

這種負能量也會傳染給周圍的人，周圍的人也容易變得古怪和不寬容。

努力讓自己說的話「由負轉正」

努力讓自己的「負面語言」變成「正面語言」，除了可以讓自己心情變愉快，激發動力，提升抗壓能力，還能夠贏得周圍人的喜愛。

有沒有人的口頭禪就是「好麻煩」、「做不到」、「我不行」、「不可能」，經常把這些話掛在嘴上？

只要說這種話，聽到這種話，就會讓人嘴角下垂，皺起眉頭，露出無法吸引幸運上門的表情。

不要說「做不到」，而是要說「想辦法做到」。
不要說「糟透了」，而是要說「一切都會好起來」。

把負面的話「轉正」。

你一定會發現，**自己的想法和別人對自己的印象會發生巨大的改變**。

技巧40
「自我對話」改變想法
公開我的「兩大自我信心喊話」！

一百九十八頁所介紹的天才人脈高手，向我傳授的另一項加強心理素質的技巧，就是**「向自己下達指令，告知必須執行的『任務』」**。

比方說，在參加派對時，**在腦內自我對話中，「命令」自己，「今天要主動和三個人說話」**。一旦成功和三個人說話，就完成了任務。

當我們接收到「指示」，就方便採取行動。另一個自己就可以化身為教練，鼓勵經常用各種藉口退縮的自己，為自己加油打氣。

多項研究已經證明，「自我對話」是有助於激勵自我，激發動力，而且可以整理思考的強大武器。

我的「兩句自我信心喊話」

「自我對話」的有效方法，**就是好像在對別人說話**。**主語不要用「我」，而是要用自己的「名字」**。

「洋平，為什麼就這樣放棄了？」
「優子，加油。」

當用好像在對別人說話的方式發問或是激勵，**就會感覺好像有人在支持自己**。

「正向自我對話」是魔法咒語，**是打造強大心理素質的方法**。

在美國，領隊和教練在運動比賽之前都會向選手進行簡短的**「信心喊話」**激勵士氣，**我們可以對自己「信心喊話」，激發自己的勇氣**。

我經常用以下兩句話對自己「信心喊話」。

「一定可以解決。」
「小純，加油。」

不知道各位有什麼魔法咒語？
來回顧總結一下前面所介紹的，強化心理素質的重要方法。

①打破「鏡子」。
②把意識的「箭」轉向對方。
③戴上「興趣眼鏡」。
④成為「母熊」。
⑤成為「靈媒」。
⑥吟誦「魔法咒語」。

只要使用這些方法，你也可以成為溝通交流的「勇士」。

第六章

好感度瞬間提升一百倍！五大絕對技巧

引發共鳴、受人喜愛的印象建立術

有時候「聊天、談話本身就是目的」，但有的時候，我們也會藉由聊天和談話「結交更多朋友」、「拓展人脈」、「在工作上有合作的機會」。

聊天、談話是人際關係的起點，如果能夠藉由聊天和談話加強彼此的關係，贏得他人的信賴，就能夠進一步開拓人生。

本章將詳細解說**如何透過聊天術和為自己打造良好形象，成為「人生勝利組」，提升「好感度」指數**。

技巧41

比起「能幹的人」，立志成為「有品的人」

你屬於「四大類型」中的哪一種類型？

那些「不重視聊天」的人其實很吃虧，我以前在當記者時，也屬於這種吃虧的人。

我以前深信，「有時間聊那些沒營養的事，還不如認真工作，建立自己很能幹的形象」，根本不認為聊天有什麼意義。

「好感度」和「能幹程度」，哪一個更重要？

評價一個人時，**「好感度（Likability）」**和**「能幹程度（Competence）」**是兩大基準，也是在商場上打滾的生意人必須具備的資質。

令人遺憾的小花絮

以前，我一直認為工作上最重要的就是「能幹」，所以我相信自己當時是一個相當「惹人討厭的傢伙」。

當時，我周圍的人不要說聊天，甚至彼此不屑打招呼。很多在媒體和廣告業工作的人都誤認為「擺出一副了不起的態度＝能幹的人」，不惜犧牲別人對自己的好感，努力表現出自己「很能幹」。

但是，在學習溝通交流的王道之後，我終於發現這種「一味追求能幹」很危險。

「好感度」和「能幹程度」。

能夠同時兼具當然最理想，但通常認為「好感度」和「能幹程度」很容易相互抵消，其中某一項會比較強，另一項比較弱。

如果問「好感度和能幹程度哪一個比較重要」，日本人仍然認為「冷酷無情，但能幹的強權型」比較好，也就是「能幹程度」更容易受到肯定，但全世界的趨勢完全相反。

在全世界，已經越來越重視「好感度」的重要性。

「那個人」雖然工作能力差，卻可以升遷的原因

研究顯示，**IQ對人生成功的貢獻只有百分之二十，剩下的百分之八十是EQ，也就是同理心和人際關係的能力。**

我們通常認為，「聰明」、「能幹」對事業成功很重要，但其實「好感度」對人生更重要……國外有很多學術調查都證實了這件事。

某項由多位行動心理學者進行的研究，將人分為四大類。

①好感度高，工作能力也很強的「受人喜愛的明星」。
②好感度低，工作能力也很差的「無能又討厭的傢伙」。
③雖然好感度高，但工作能力很差的「討人喜歡的笨蛋」。
④好感度很低，工作能力很強的「能幹的討厭鬼」。

兩者兼具的**「①受人喜愛的明星」**當然最受歡迎，**「②無能又討厭的傢伙」**惹人討厭，大家對這兩種類型的人的想法沒有爭議，但你希望**「③討人喜歡的笨蛋」**，還是**「④能幹的討厭鬼」**當你的同事？

研究結果顯示，**挑選「③討人喜歡的笨蛋」比「④能幹的討厭鬼」的比例更高**。

你是哪一種類型的人？

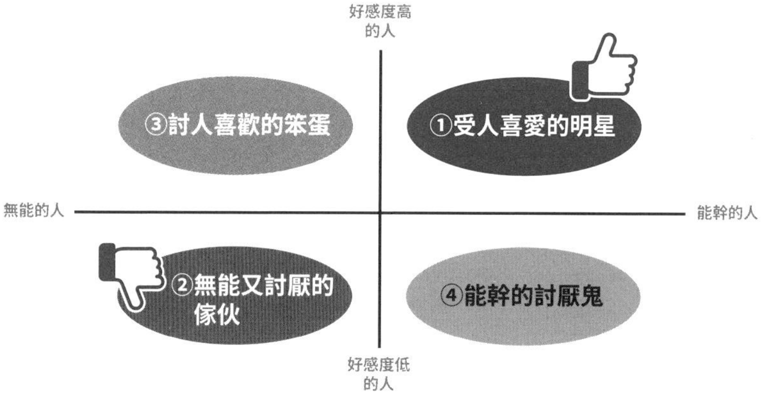
好感度高
的人
③討人喜歡的笨蛋
①受人喜愛的明星
無能的人
能幹的人
②無能又討厭的
傢伙
④能幹的討厭鬼
好感度低
的人

「④能幹的討厭鬼」缺乏協調性，以自我為中心，只在意「自己的業績」，會搶別人的功勞，會對自己和組織都帶來負面影響。相較之下，「③討人喜歡的笨蛋」能夠建立良好的人際關係，有助於活化組織的溝通和交流，對凝聚向心力發揮正面影響。

「建立人際關係的能力」比「工作能力」對人生的成功影響更大。從「上司的好感度更高的人」，比「工作能力強」的人更容易升遷這個令人遺憾的事實，也可以清楚了解這一點。

為什麼好感度決定了人生？

我以前對自己很沒有自信，默默觀察那些受歡迎的人之後，發現了一件事。外貌和財力是受人歡迎和喜愛的重要因素，但受人喜歡的人，並非僅此而已，他們身上還具有某些**「特別的特質」**。

有些人明明並沒有很漂亮，也不是有錢人，卻有很多朋友。

美國心理學會的首席科學官米契・普林斯汀認為，**人望可以分為兩種類型**。

①社會地位型

因為地位、財產、容貌和所有物而獲得人望。

②好感度型

因為受人喜愛而獲得人望。

研究顯示，**幼年的時候，「好感度型」的人容易獲得人望，到了性荷爾蒙分泌旺盛的青春期，「社會地位型」的人更受歡迎**。我的確發現，在青春期之後，對外貌、金錢更執著和關心。

普林斯汀指出，隨著社群媒體的普及，很多成年人都像高中生一樣，追求表面的「社會地位型的人望」。

具備「好感度型的人望」的人，在人生中能夠建立更多良好的關係，更容易成功和幸福，但「社會地位型的人望」容易導致虛榮、攻擊性、依賴、嫌惡、絕望和孤獨。

由此可見，**好感度型的人望比社會地位型的人望更能夠帶來幸福**。和容貌、財力不同，**成為人望關鍵的「特別的特質」，就是能夠像磁鐵一樣吸引他人的「好感度」**。

聊天也是「好感度製造機」

「好感度高的人」更受人喜歡，也更容易獲得成功。最近這種傾向似乎更加明顯。

那些尖酸刻薄藝人容易遭到批評，民眾也希望那些具有領導能力的人要有「同理心」。尤其企業法令遵循持續強化，職場騷擾等各種騷擾問題更受重視，大家越來越無法接受強權手法。

在今後的時代，**「和這個人在一起，心情會很愉快。我想和他（她）在一起，一起工作，一起聊天」**的「好感度」才是強大的武器。

正因為這個，成為「好感度製造機器」的聊天、談話能力就變得更加重要。

技巧42 第一印象在瞬間形成，而且一輩子不會改變

第一印象沒有第二次機會！

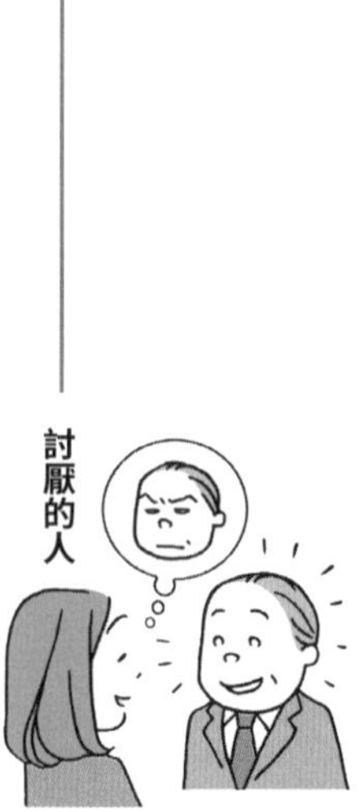

「好感度」如此重要，但第一印象更重要。

因為**「（好感度等）第一印象在瞬間形成，一輩子都不會改變」**。

十分之一秒就決定了第一印象？

和陌生人見面的瞬間，留給對方的印象，會在剎那間決定對你這個人的評價，而且這種影響會持續一輩子。

到底多長時間決定第一印象？關於這個問題的回答眾說紛紜，根據普林

斯頓大學的研究，**竟然在十分之一秒，看到臉的瞬間就決定了**。

為什麼會在這麼短時間就決定第一印象？這和人類的生存本能有密切的關係。

在遇到陌生人或動物時，如果不在剎那間判斷對方「是敵是友」，可能會導致生命危險。因此必須在一眨眼的時間評價對方是否值得信賴的人，自己是否能夠放心。

第一印象一旦形成就很難改變

見面的剎那，就形成了「第一印象」，而且**一旦形成「第一印象」，就很難改變**。

塔夫茨大學的研究顯示，學生在第一堂課前對講師的印象，在上了兩年的課之後，仍然沒有改變。

由此可見，**一旦成為別人眼中「討厭的傢伙」，要改變這個印象並非易事**。

這和前面第四十九頁所介紹的「確認偏誤」這種認知的扭曲有很大的關係。

「我們會在無意識中蒐集符合自己的假設和信念的資訊，無視反證的資訊」，這種偏誤會導致一旦A認為「B是個尖酸刻薄的人」，之後就會一直注意B尖酸刻薄的行為，無視B並不符合這個形象的行為。

第一印象沒有第二次機會

康乃爾大學的一位教授說**「第一印象是『自我實驗預言』」**。

對方不經意的表情、動作或是說話，我們都會覺得**「我對他的第一印象果然沒錯，這個人就是如何如何」**，在內心加強原本的印象。

也就是說，第一印象像濾鏡和眼鏡，一旦形成，我們就會透過這個濾鏡和眼鏡判斷所有的事物。

小花絮

一流的高階經理人都充分了解這種「第一印象的科學」。

日本資生堂的魚谷雅彥社長、軟銀集團的孫正義總裁、日本電產的永守總裁等世界級的經營者都富有魅力，在見面的那一剎那就滿面笑容，用滿滿的活力為別人帶來愉快的心情。

很遺憾的是，也有很多高階經理人總是喜歡板著面孔。

有些人認為「威嚴最重要」，所以總是眉頭深鎖。

雖然不需要看到任何人，就輕浮地滿臉堆笑，但還是要避免讓人留下「很冷漠」、「看起來很刻薄」、「很討厭」……之類的第一印象。

英語中有一句諺語，**「不用從封面判斷一本書的價值」**，可惜人類經常以貌取人，很容易只看表面判斷一個人。

「第一印象沒有第二次機會」。

這句也是英語中的諺語，所以**第一次見面的最初「十分之一秒」絕對不可大意**。

技巧43

臭臉是散播「不愉快菌」的惡劣行為

笑容是帶給他人幸福的最強武器！

「好感度」是現代社會最強的武器，到底要怎樣才能獲得？

只要實踐第一章到第四章說明的「提問」、「傾聽」、「說話方式」，就可以迅速提升好感度，但如果希望好感度在最短時間內飆升，**「笑容」**最無敵。

首先要拋棄「能幹的人不苟言笑也沒問題」的幻想。

因為只要擺臭臉，就是向對方散播「不愉快菌」的惡劣行為。

笑容會在轉眼之間傳染給周圍人

笑容具有魔力，會在轉眼之間為很多人帶來幸福。

看到別人對自己露出微笑，就會有幸福的感覺。不妨試想一下，我們看到嬰兒天真無邪的笑容，內心是否感到溫暖？

這是因為**「笑容會傳染」**。根據北達科他州立大學所做的實驗，當看到別人對自己露出微笑時，大約有一半的人也會露出笑容。

當你對別人露出微笑，對方的大腦就會產生「我也要還以笑容」的反應，雙方建立起心情一起變好的「共生關係」。

笑容能讓他人和自己都幸福

笑容不僅可以為別人帶來幸福，也可以讓自己產生幸福感。

知名的生物學家查爾斯．達爾文也曾經寫過這句話。

人並不是因為心情好露出笑容，
而是露出笑容這個行為讓人心情變好。

笑容可以讓人開心，感到喜悅。

許多學者已經證明了「笑↓開心↓笑」的循環效應和反饋效應。

笑容具有相當於收到兩千塊巧克力的「醞釀幸福效果」，和收到兩萬五千美元（約七十五萬台幣）的刺激。

怎麼可以不充分運用這種神奇的力量？

技巧44 一支鉛筆就可以打造「全世界最出色的笑容」

馬上試試看！

怎樣才能打造「全世界最出色的笑容」？十九世紀中期的法國神經學家杜顯（Guillaume Benjamin Amand Duchenne）給了我們答案。

笑容有兩種

杜顯得出一個結論，**「笑容有以下兩種」**。

①嘴角上揚，只使用嘴巴周圍肌肉的笑容。
②同時使用顴骨至眼角肌肉的笑容。

他認為後者的**「嘴巴＋眼睛的笑容」才是最純粹的喜悅表情，是「最美的笑容」**。

這種笑容稱為**「杜顯的笑容」**，許多學者都用實驗證明了這種笑容所帶來的效果。

加州大學柏克萊分校的實驗發現，露出「杜顯笑容」的女性更加成功，對人生也感到更滿足。

當眼睛周圍的肌肉活動時，就會向大腦傳送刺激信號，產生幸福的感覺。該校的實驗數據顯示，露出「杜顯笑容」的人，有百分之九十五都有幸福的感覺。

因此，**即使心情沮喪時，只要揚起臉頰肌肉，擠出「笑容」，即使只是假笑也可以讓自己暫時感到幸福**。

用上下排牙齒咬住一支鉛筆

有一個簡單的方法可以打造出「最出色的笑容」。

那**就是用牙齒咬住一支鉛筆**。

如果只是用嘴唇咬住，反而會變成好像在生氣的表情，要特別注意。想要露出笑容時，可以試著重現臉頰肌肉上揚的感覺。

據說日本有一句話叫「男人三年微微笑」。

這句話的意思是，「男人不要輕易露出笑容，三年笑一次，而且只要微微笑一笑就好」，但其實「笑容和嘻皮笑臉是兩回事」。

要努力做到**「男人也要每天面帶笑容」**。

德蕾莎修女有一句名言。

笑容蘊藏了我們無法想像的可能性。

笑容雖小，不容小覷。

技巧45
「喜歡」和「自曝其短」可以提升好感度
「出糗效果」惹人喜愛！

提升好感最有效的方法，就是一百九十四頁所介紹的**「主動喜歡對方」**。因為只要自己喜歡對方，對方喜歡自己的機率就大為提升。

不知道各位周圍有沒有這種人？雖然並沒有特別可愛或是特別帥，也不是有錢人，卻會讓人情不自禁產生好感。

這種人通常全身散發出「愛的光環」、「愛的光束」，讓周遭的人都感到心情愉快。

「這個人是不是對我有興趣？」

「是不是對我有好感？」

讓別人產生這種錯覺，感到飄飄然的能力，就是好感度的來源。

自曝其短，成為自己的強項

除了主動喜歡對方以外，還可以試一試另一種方法。

那就是**故意暴露自己的弱點，故意犯錯**。

也就是**「自曝其短」**。

據說「簡報時，完成百分之九十八，故意把剩下的百分之二留給評審或是客戶指正、提建議，這種方法更能夠獲得支持」。

這是基於**「人往往認為自己投入心力的標的物更有價值」**的心理效應，家具品牌「IKEA」的家具都必須自己組裝，所以也稱為**「IKEA 效應」**。

也就是說，**故意讓對方「稍微幫點小忙」，讓對方產生自我效能感**。

前面技巧14談到的「拜託你給我建議」也發揮了相同的效果。

「比起完美無缺的人，一點無傷大雅的小疏失的人更能夠贏得好感」，這就是知名的**出糗效應**（Pratfall effect）。

即使是領導者，也可以接受、暴露自己的脆弱，這種**「脆弱」**的概念最近在美國獲得廣泛支持。

比起那些「完美無缺的美女」、「無所不能的人」，「有點脫線、有點不可靠」的人更可愛，更願意向他們伸出援手。我相信大部分人都能夠了解這種感覺。

「對不起，這個我不會，可以請你幫一下忙嗎？」

坦率地承認自己的弱點，向他人求助。

像這樣**「具備承認自己弱點的堅強」，有助於大幅提升好感度**。

第七章

迅速拓展人脈，人生更開闊！

人見人愛的五大精選技巧

人生的成功取決於「建立人際關係的能力」。

很多前人和無數科學研究都證明了這件事。

事業成功的關鍵，就是**「迷倒眾生」**的能力。

軟銀集團的孫正義總裁，和樂天的三木谷浩史社長等多位創業家都在結交對自己的人生有幫助的人後，讓這些人支持自己，順利度過難關，把握了機會。

在這一章中，**將詳細介紹如何運用已經掌握的聊天・談話能力，磨練「超級人脈力」，為自己開運**。

技巧46

「認識誰」決定了人生

「賺錢」其實「靠關係」

我為別人打工大約二十年，在八年前自立門戶，成為溝通交流顧問，一路走來，**我深刻體會到，做生意的關鍵「認識誰比知道什麼更重要」**。

因為我的很多工作都來自直接見面後，「結緣」的人。

七成以上的工作都來自人脈？

在我生活周遭，那些順利換工作的人，或是創業成功的人，**都是先有「緣分」，才順利「開運」**。

「賺錢」其實「靠關係」。

據說在美國，**有超過七成的工作都是靠人脈介紹而來**。

聰明和才華固然重要，但**「關係」的力量往往更加重要**。

如果一輩子都在同一家公司的上班族，或許無法感受到「人脈力」的必要性，但是在未來難測的現代生活中，很可能需要轉職、獨立，甚至在退休後成為自由接案的自由工作者。

專欄

全球第一社長的超強人脈術

「中西」這家公司是生產鑽牙機等產品的製造商，這家公司的老闆中西英一社長是我的朋友，也是一位經營奇才。他在二〇〇〇年就任該公司社長之後，讓產品市佔率躍升為全球第一，讓這家上市公司的市值成長超過十倍。

他的成功關鍵，就在於高度的技術能力，和出色的人脈術。

他從學生時代就熱愛登山，內心充滿了「想見識一下以前沒有看過的風景」這種強烈意願。

他以奮鬥不懈「開創精神」為武器，一年之中，有四分之一的時間在國外拜訪客戶和顧客，和他們深入交談，積極拓展人脈。

「和客戶見面，看著他們的眼睛說話，就能夠同心協力。」

他簡直就像他的公司生產的鑽子，用這種方式在厚實的國境之牆鑒洞。

他用實際行動證明，人脈力是實現「全球第一」這個目標的關鍵。

阿德勒心理學告訴我們，人類幸福的「三大條件」

和他人之間的緣分、人際關係不僅對工作很重要，也對個人健康和幸福感有重大影響。

無數項研究結果顯示，「和他人之間的關係」決定了一個人的幸福和健康。

很受歡迎的阿德勒心理學提到，人類的幸福必須具備**三大條件**。

①接納自己——接受自己原來的樣子。
②信賴他人（歸屬感）——和身邊的人建立信賴關係。
③貢獻感——認為自己「對別人有貢獻」的感覺。

由此可以發現，**和他人之間的關係，對幸福產生了重大的影響**。

人脈、緣分、人際關係決定了人生的成敗。這種說法一點都不誇張。

技巧47

朋友是「共友」！

共同點越多，關係越深入！

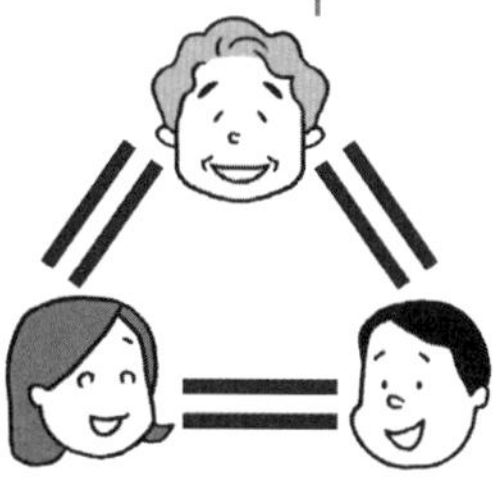

擁有地位、知名度和權力的人，往往有很多朋友，有些人雖然沒錢沒勢，卻把人際關係運用在工作上，進一步拓展人脈。

也就是說，對很多人來說，**人脈並不是成功的結果，而是成功的原因**。

人脈並不是越廣越好，也不要把拓展人脈當作目的，但是，像「蜘蛛網」般的人際關係，**絕對可以成為人生的「安全網」**。

首先必須了解，**人與人之間所建立的關係，就是彼此之間有什麼「共同」事物**。

共同點、共有的事物越多，彼此的關係就更密切。

說起來，**「朋友」其實可以說是因為某些共同事物產生交集而在一起的「共友」**。

尋找「共同點」是第一步

不知道各位認為，男女之間，完全不同類型的情侶，和個性相似的情侶，哪一種情侶的關係能夠更持久？

感覺個性完全相反的情侶可以相互刺激，彌補對方的弱點。

根據荷蘭的一項調查顯示，有百分之八十六的人回答「被和自己完全相反類型的人吸引」。

「個性相似的情侶」、「不同類型的情侶」和「個性完全相反的情侶」，到底哪一種情侶相處更融洽？

這個問題一直以來都有很多人進行研究，也爭辯不休，某項大規模的調查結果顯示，**「個性相似的人最容易相互吸引，相處也最融洽」**。

這代表和生長的環境、教育、金錢觀，興趣和關心的事物等價值觀相同的人相處，更能夠感到安心和安定。

只要有一個共同點就好

根據哈佛大學的研究顯示，人類和與自己有共同點的人接觸時，有助於活化大腦的某些部分。

而且人很容易覺得，**只要有一個共同點，「在其他很多方面，應該也會有共同的地方」**。

據說大腦獲得活化的那個部分，剛好是思考自己的事時會用到的部分，於是就會**「對和自己有共同點的人，不會認為對方是他人，而是認為和自己一樣」**。

俗話說，**「物以類聚，人以群分」**，科學也已經證明，意氣相投的人和個性相似的人的確會很自然地走在一起。

即使只有一個共同點，也能夠很快熟絡起來，拉近彼此的距離。

不妨參考下一頁的清單，**首先尋找彼此的共同點**，踏出第一步。

「Wh 疑問句」也可以用於結交「共友」

前面技巧5詳細解說的「Wh 疑問句」清單，對結交「共友」也大有幫助。

尤其是以下兩大問句，更能夠小兵立大功。

「請問你喜歡什麼樣的〇〇？」

「請問你推薦什麼樣的〇〇？」

「共友」的話題清單

① Who——人的屬性

男性　女性　孩子　高齡者　中年　年輕人　職業　家屬　年齡
父親　母親

② Where——場所

出生地　學校　公司　住家　地區　車站　沿線　餐廳　健身房

③ When——什麼時候

年代　時代　季節　聖誕節　新年　暑假　寒假

④ What——物品、事物

偶像　興趣　電影　書　美食　工作　旅行　養生　休閒　動物
流行　活動　電視節目　才藝課　APP　煩惱

在發問之前，先向對方說明一下自己的情況。

「我打算寒假時去旅行。」

「我想週末去看電影。」

然後再發問，就不會讓對方感到唐突，聊天更順暢。

技巧48

「共同的敵人」有助於成為關係最牢固的「共友」

擁有共同「討厭的對象」！

共同的敵人最能夠促進我們的團結。

美國副國務卿萊斯曾經這麼說，我對這句話也深有體會。一起聊主管的壞話時，可以縮短彼此的距離。相信大家都有相同的經驗。一旦有了共同的「敵人」，就可以發揮以下的效果。

- 把原因和責任推給別人，就可以感到安心。
- 可以獲得自我肯定感。
- 產生歸屬意識，有更強烈的團結意識。

九一一事件之後，促進了美國人團結一心。因此有人認為，**共同擁有「討厭的對象」，比共同擁有「喜歡的事物」更能夠加深彼此的關係**。這種說法的確很有說服力。

讓肥胖和疾病這些「煩惱」成為共同的「敵人」

認定「都是對方的錯」的想法很危險，這種本能會讓歧視、霸凌和分裂變得更嚴重。

但是，創造共同的敵人可以讓朋友之間更加團結。人類很難抗拒這種魅力。

「樹立敵人，整天中傷，說那個人的壞話」會破壞自己的形象，但是，也**可以靈活運用把肥胖、疾病這些「煩惱」視為共同的敵人，加深和他人之間關係的方法**。

最近，我和同年代的人聊天時，聊著聊著就會聊到「這裡不舒服」、「那裡也很痠痛」之類的「煩惱」。

大家在聊這些「煩惱」時，常常會聊得很投入。

「嗯，我懂。」

「我也會這樣。」

於是大家就會集思廣益，相互幫助。

面對共同的敵人的確可以拉近人和人之間的距離。

技巧49

「共鳴」和「共同體驗」可以拓展人際關係

同理心是溝通交流的最大力量！

英語中有一句話，叫做「Put yourself in someone's shoes」。這句話直譯的意思，就是**「穿上別人的鞋子，想像那個人的心情」**。看到有人在努力工作，就稱讚對方的努力，鼓勵沮喪的人，**體會他人情緒和想法的「同理心」，是溝通交流的最大力量**。

同理彼此的感情和想法，可以一口氣拉近距離

「共鳴」就是配合對方的頻率。

人和人之間，能夠藉由同理彼此的感情和想法，一口氣拉近距離。

「共鳴法」的效果尤其顯著，可以按照和八十四頁的「哈佛式傾聽術」的三大步驟進行。

①接受（對方的心情）。

「我能夠理解。」

「我懂。」

「你受苦了。」

②換另一句話說（對方的心情）。

「你是不是說○○？」

「你是不是覺得很△△？」

③（關心對方的心情）提問。

「需要我幫什麼忙嗎？」
「後來怎麼樣？」

就像在傳接球一樣，接到球之後，重新拿好，再投給對方。

這種「共鳴體驗」，可以「澆灌」彼此的關係，成為信賴和好感的基礎。

「休火山人脈」也值得推薦

對於那些「不喜歡沒有目的的瞎聊，不擅長『共鳴溝通』」的高階經理人，我通常會**推薦基於「共同目的」，一起做某一件事、進行活動的「共同體驗」和「共同活動」**。

英國在解決孤獨問題方面走得很前面，我去英國採訪時，當地工作人員說的話令我印象深刻。

「女性都是面對面進行溝通，但男性都是肩並肩。」

男性比較不擅長面對面談話，而是肩並肩地投入運動或是遊戲，或是一起工作進行溝通交流，往往能夠更加順利建立彼此的關係。

共度相同的時光，也可以發揮出對彼此好感度上升的**「單純曝光效應」**。

小時候經常玩在一起的兒時玩伴，即使長大之後偶爾見面，也能夠很快就放鬆心情，相處愉快。

一起體會相同的感情，共度相同的時間，可以讓彼此的關係更加深入。

運動、興趣、公益活動、學習……

可以藉由「共同體驗」和「共同活動」，拓展人脈關係。

挑戰新事物永遠不嫌晚。

賓州大學華頓商學院的亞當．格蘭特教授推薦了**「休火山人脈」**。

他認為老朋友、老同事等舊友即使不常聯絡的人脈關係，也可以讓人生更豐富。

技巧50

「兩個主動開口」，讓你成為活人磁鐵

成爲超級人脈王的方法！

我也認識幾個**人面超級廣的「人脈大富翁」**。

這些人都具有以下的特徵。

- 了解人脈具有「無限大的價值」。
- 在為他人牽線、引薦的過程中，自己也累積「新的人脈關係」。

我細心觀察他們之後，發現他們有一個共同點。

很多「超級人脈王」都很「雞婆」

比方說，**在舉辦活動時，他們不怕麻煩，願意主動擔任召集人**。

只要提供場地，朋友就會帶朋友的朋友一起參加，於是就像老鼠會一樣，有很多人一起參加。

於是，擔任召集人的「超級人脈王」，也能夠藉由這種活動，認識新的關係。

小花絮

我認識的一位男士之前是大企業的高層，他從年輕時開始就靠著自己的人脈關係和勤於拜訪客戶，一路平步青雲。

他曾經很豪氣地說：「除了皇室以外，我可以和所有的達官顯貴搭上關係。」從任職多年的大企業退休後，立刻有超過十家企業邀請他擔任顧問，退休後仍然每天都忙得不亦樂乎。

他的人脈網的源泉正是來自他積極擔任各種活動的幹事。

他經常以「美食」、「音樂」為主題，舉辦各種活動，拓展人脈。

如果以為這些**「超級人脈王」**是基於私利私欲做這些事，就是極大的誤會，**很多人純粹只是「雞婆」，「希望對別人有幫助」**。

其實我也是經常為人牽線相親的「媒婆」，經常擔任聚餐或是旅行的幹事。

今年針對下一個世代的領導者所創立的「說話術的學校」，也是希望學員之間能夠相互認識，同時獲得「溝通」和「社群」這兩種能力。

謙虛很重要，但不要過度謙虛

在建立人脈關係過程中，**「不要過度在意輩分問題」的態度**也很重要。

日本是「縱向社會」，地位高、年紀長的人往往認為自己是站在「指導」的立場，但**目前是重視「共鳴」和「同理心」的時代，對上下左右的每個人都要帶著敬意，不分高低，平等地和所有人接觸的謙虛態度更重要**。

正因為彼此都是平等的關係，所以**在說話時，也要避免過度自謙**。

「請允許晚輩○○」↓「我希望可以○○」↓「我要○○」

「敬請」、「移駕」↓「請」、「前往」

如果整天把「恕我冒昧」、「很抱歉」掛在嘴上，就太畢恭畢敬了，彼此的關係會一直很生疏，完全無法縮短彼此的距離。

你也可以成為吸引緣分和運氣的「活人磁鐵」

一旦發現「人脈富翁」，就不要膽怯，主動向對方開口。

「下次有機會，請務必邀請我！」

如果是能夠平等接觸的對象，不妨鼓起勇氣開口，主動邀約。

「下次要不要一起去〇〇？」

這兩大「主動開口」，一定可以更進一步拓展你的世界。

如果有機會結交新朋友，不妨試試這本書上所介紹的各種技巧。

你一定能夠在轉眼之間，成為吸引緣分和運氣的超強「活人磁鐵」！

特別附錄 1

聊天的「動作」、「肢體語言」的四大訣竅

「表情」、「點頭」、「腳尖」和「手」的動作，這樣才正確！

說到聊天，說話和傾聽時的肢體語言也很令人在意。

最後「特別附錄」的部分，將詳細介紹這些「動作」！

向專家學習肢體語言的四大訣竅

日本根本沒有地方學習溝通技巧，也沒有老師在教肢體語言，但在美國，有很多專家都會親自一步一步指導表情、姿勢和動作。

我從這些專家學到聊天時的肢體語言有四大訣竅。

① 表情柔和，親切地點頭。

點頭高手也是傾聽高手。

我有時候甚至懷疑，日本人是不是全世界最不會點頭附和的國民。因為在聽別人說話時，如果沒有表情，也沒有任何動作，會讓說話的人感到很不安。

柔和的表情＋適度點頭，可以讓說話的人感到安心。

② 肚子和腳尖朝向對方。

為了表示在認真聽對方說話，除了面對對方，**更重要的是身體還要和對方平行。**

美國的肢體語言專家說，**「腳尖」很重要。**

因為腳尖往往容易透露內心的想法，**「如果腳尖朝向出口，就代表想趕快結束談話」**。

所以，**肚子和腳尖都要朝向對方。**

③讓對方看到自己的手。

俗話說，「眼睛是心靈的窗口」，其實手也是心靈的窗口。

向對方出示自己的手，等於在告訴對方「我手上沒有武器，所以可以信任我」，所以對方看到自己的手就會感到安心。

這也是在歐美國家，見面握手很重要的原因之一。

手的動作有助於讓自己表達的內容更加明確，所以**即使在視訊會議時，我也盡可能會讓別人看到我的手**。

如果面對面坐在桌子兩側，**盡可能不要在桌子下方交握雙手，而是要把手放在對方可以看到的地方**。

這個簡單的動作，就可以讓對方感到安心。

④試試小狗的動作。

相信大家都知道，聽別人說話時不能放空，或是低頭滑手機，而是要不時點頭，**模仿對方說話的聲音和動作，這種「鏡像模仿」也都是大家熟知的方法**之一。

除此之外，還有另一個潛意識效果很強的小技巧——「小狗的動作」。**像小狗一樣微微歪著頭，看起來就覺得在專心聽別人說話**。

事實上，研究發現，小狗歪著頭時，的確在認真聽人說話。

特別附錄 2

眼神交流遵循「3-50-70-90」法則

向撲克冠軍學習「眼神交流必勝技巧」

根據日本某製藥公司的調查，日本人有百分之四十九點四的人，也就是幾乎一半的人回答「很難看著別人的眼睛說話」。

這個回答似乎和日本人不擅長溝通有密切的關係。眼對眼的「眼神交流」是心靈相通的「強力膠」。如果希望聊天順暢，當然必須妥善加以利用。

我就在本書最後，分享這個秘訣。

前撲克冠軍在紐約創辦了「肢體語言學校」，我在那裡充分學習了眼神交流的重要性。

在玩撲克牌時，視線的確是洞悉對方內心的重要線索。

「3－50－70－90」法則就可以搞定

「眼神交流」之所以重要，就是因為在視線交會時，腦波可以同步，彼此更能夠心靈相通。

日本很多高階經理人都不了解這種正確的方法，不知道該怎麼做，為了方便記憶，我都稱之為「3－50－70－90」法則。

具體內容如下。

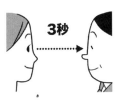

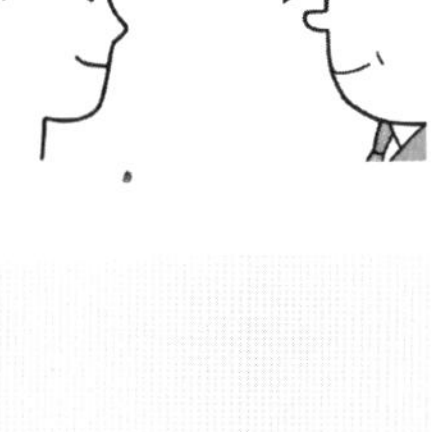

【3】一次眼神交流的時間為三秒左右。
【50】自己說話時，百分之五十的時間看著對方。
【70】聽對方說話時，百分之七十的時間看著對方。
【90】視訊會議時，百分之九十的時間看著對方的眼睛。

視訊會議的眼神交流更加重要！日本「關閉鏡頭」的視訊會議太多了

遠距工作的視訊會議，眼神交流非常重要，但我覺得日本「關閉鏡頭」的視訊會議太多了。

我和外商企業或是國外的客戶開會時，「打開鏡頭」的會議比例很高。

同樣是視訊會議，日本和國外之間落差太大了。

因為我認為「談話時必須看著對方的眼睛」。

雖然並不需要每次都打開鏡頭，**但是在參加重要的會議，或是在上課時，「露臉、眼神交流」是世界的常識**。

看到電腦螢幕上的自己或是對方時，會忍不住移開視線，**所以要注視攝影鏡頭，讓對方覺得「我們的眼神有交流」**。

視訊會議時，把攝影鏡頭調整到和視線相同的位置，避免變成仰視或是俯視對方。

結語

持續研究聊天後總結出的「結論」

最後，再次介紹曾經在前著中也介紹過的「五大法則」，「只要付諸行動，人生就會更美好！」

一、「打招呼」——主動打破「隔閡」。
二、「太棒了！」——成為稱讚高手。
三、「嗯，沒錯。」——傾聽。
四、「笑容」——讓自己和周圍的人都幸福。
五、道「謝」——表達內心的感謝。

這是溝通交流的大原則，雖然我們很容易疏忽這些事，但只要貫徹這五大行動，就可以迅速改善人際關係。

「怎樣才能成為聊天高手？」我持續帶著這個疑問研究多年，最終得出了一個結論，**那就是擺脫對「說話」這件事的執著**。

「不知道別人怎麼看我」、「不知道別人覺得我怎麼樣」、「我要說什麼？」。

要擺脫「我」這個主語和意識，然後將焦點徹底放在「對方」身上，對「對方」產生興趣，向「對方」提問，聊「對方」想聊的話題。

將視角從「利己」轉為「利他」，改變方向，最大的目的是讓對方「感到心情愉快」，溝通交流就頓時變得輕鬆愉快。

「好心有好報」這句話，無論在溝通交流或是對人生整體而言，都是一句至理名言。

「利他」雖然不求回報，但最終將使自己的心靈更充實，帶來良好的緣分。

前面提到的亞當．格蘭特教授說，「越是有利他的行為，越能夠在人際關係中得到更多恩惠」。

在當今人生一百年的時代，爬「第二座山」也不錯

其實以前我也整天想著要贏，執著於自己的利益。

但是，在國外看到很多人積極投入公益活動和幫助他人，**我發現超越「私利私欲」，從「利他」的角度看世界，能夠大幅提升人生的喜悅和滿足感**。

知名的發展心理學家愛利克．艾瑞克森提出自我意識的形成發展有八個階段。

經過對自我實現有高度興趣的青年期後，進入第七階段的四十歲之後中年、初老期，開始認為培育下一代、對他人有所貢獻更有價值。

艾瑞克森稱這個「為下一個世代變得更好」的創造價值階段為**「傳承創新（generativity）＝培育下一個世代能力」**。

《紐約時報》的知名專欄作家大衛．布魯克斯（David Brooks）將從「利己」進入「利他」這個人生階段的轉換稱為「第二座山」。

「第一座山是確立自我，充分認識自我。第二座山則是放下自我，為社會和他人作出貢獻」。

到底是要從第一座一直往下走，還是挑戰另一座山？

目前已經進入了人生一百年的時代，不要只挑戰第二座山，挑戰第三座、第四座或許也不錯。

首先踏出第一步，自己主動開口說第一句話

無論溝通交流還是人生，都要擺脫「自己」這個小框架，站在「為了別人」、「為了某個目標」的視角，一切就變得很輕鬆。

格蘭特教授推薦進行「五分鐘的親切行為」。

雖然不需要像德蕾莎修女一樣，把整個人生都奉獻給幫助他人，但可以有意識地每天花五分鐘的時間幫助別人。

「需要我幫忙嗎？」
「有我幫得上忙的地方嗎？」
「要不要和我聊一聊？」

不妨積極主動問身邊的人。

所有人都能夠陪伴他人，療癒他人的孤獨、鼓勵他人。

溝通交流不需要自信，也不需要才華。

改變溝通方式，就可以產生自信，溝通不需要才華，只需要技巧，所以任何人隨時都可以開始學習、掌握這些技巧。

首先踏出第一步，自己主動開口說第一句話。

這個小小的勇氣，將大大改變你的人生。

二〇二二年六月一日

岡本純子

國家圖書館出版品預行編目資料

世界第一的聊天術 / 岡本純子著；王蘊潔譯. -- 初版. -- 臺北市：平安文化, 2023.10　面；　公分. -- (平安叢書；第 770 種)(溝通句典；60)
譯自：世界最高の雑談力
ISBN 978-626-7181-92-8 (平裝)

1.CST: 人際傳播 2.CST: 說話藝術 3.CST: 溝通技巧

192.32　　　112015246

平安叢書第 770 種
溝通句典 60

世界第一的聊天術

世界最高の雑談力

SEKAI SAIKO NO ZATSUDAN RYOKU by Junko Okamoto
Copyright © 2022 Junko Okamoto
Illustrations © Soko Ueda

All rights reserved.
Original Japanese edition published by TOYO KEIZAI INC.

Traditional Chinese translation copyright © 2023 by PING'S PUBLICATIONS, LTD.
This Traditional Chinese edition published by arrangement with TOYO KEIZAI INC., Tokyo, through Bardon-Chinese Media Agency, Taipei.

作　　者—岡本純子
譯　　者—王蘊潔
發 行 人—平　雲
出版發行—平安文化有限公司
台北市敦化北路 120 巷 50 號
電話◎ 02-27168888
郵撥帳號◎ 18420815 號
皇冠出版社(香港)有限公司
香港銅鑼灣道 180 號百樂商業中心
19 字樓 1903 室
電話◎ 2529-1778　傳真◎ 2527-0904
總 編 輯—許婷婷
執行主編—平　靜
責任編輯—陳思宇
美術設計—江孟達、李偉涵
行銷企劃—蕭采芹
著作完成日期— 2022 年
初版一刷日期— 2023 年 10 月
初版二刷日期— 2023 年 11 月
法律顧問—王惠光律師
有著作權 · 翻印必究
如有破損或裝訂錯誤，請寄回本社更換
讀者服務傳真專線◎02-27150507
電腦編號◎342060
ISBN◎978-626-7181-92-8
Printed in Taiwan
本書定價◎新台幣 380 元 / 港幣 127 元

• 皇冠讀樂網：www.crown.com.tw
• 皇冠 Facebook：www.facebook.com/crownbook
• 皇冠 Instagram：www.instagram.com/crownbook1954
• 皇冠蝦皮商城：shopee.tw/crown_tw